Claus Gigl

Abiturwissen

Deutsch

Prosa, Drama, Lyrik

Klett Lerntraining

Claus Gigl ist Gymnasiallehrer für die Fächer Deutsch und Geschichte und Schulleiter eines bayerischen Gymnasiums. Er ist in der Lehrerausbildung und Lehrerfortbildung tätig. An der Ludwig-Maximilians-Universität München ist er Zweitprüfer für das Fach Deutsch.

Bibliografische Information der Deutschen Nationalbibliothek
Die Deutsche Nationalbibliothek verzeichnet diese Publikation in der Deutschen Nationalbibliografie; detaillierte bibliografische Daten sind im Internet über http://dnb.ddb.de abrufbar.

Auflage 4. 3. 2. 1. | 2012 2011 2010 2009
Die letzten Zahlen bezeichnen jeweils die Auflage und das Jahr des Druckes.
Dieses Werk folgt der neuesten Rechtschreibung und Zeichensetzung.
Ausnahmen bilden Texte, bei denen künstlerische, philologische, lizenzrechtliche oder andere Gründe einer Änderung entgegenstehen.

Internetadresse: www.klett.de/lernhilfen

Umschlaggestaltung: Know idea GmbH, Freiburg, mit Franziska Döhler
Umschlagfoto: Corbis (Randy Faris), Düsseldorf
Satz: Klaus Bauer, Bondorf
Druck: Mediahaus Biering GmbH, München
Printed in Germany
ISBN: 978-3-12-929761-2

9 783129 297612

Vorwort

Liebe Abiturientin, lieber Abiturient,

Sie wollen sich gründlich und intensiv mit einem Thema beschäftigen, um eine gute Note zu erzielen. „Abiturwissen Deutsch Prosa, Drama, Lyrik" bietet Ihnen dazu besonders übersichtlich den kompletten und ausführlichen Abiturstoff.

Was macht dieses Buch besonders übersichtlich für Sie?

1. Kapitelauftaktseiten stimmen Sie in das Thema ein.
2. Jedes Kapitel beginnt mit einer Kurz-Zusammenfassung. Sie führt in das Thema ein und nennt das Allerwichtigste.
   Eine ausführlichere Zusammenfassung finden Sie am Kapitelende.
3. Querverweise im Text ➛ vernetzen den Stoff und bieten einen vertiefenden Einblick. Alle Querverweise werden zur besseren Übersichtlichkeit am Kapitelende noch einmal separat aufgeführt.
4. Zu den wichtigsten Autoren gibt es Infokästen.
5. Die wichtigsten Informationen auf den Punkt gebracht, finden Sie in der Randspalte als Schnell-Lese-Straße.
6. Sie suchen ein Thema, einen Begriff? Das Stichwortverzeichnis ab S. 190 hilft Ihnen weiter.

Warum können Sie mit diesem Buch so gründlich arbeiten?

1. Der sehr ausführliche Text bietet Ihnen den kompletten Abiturstoff. Besonders wichtige Begriffe sind farblich hervorgehoben.
2. Das besondere Extra dieses Buches ist das ausführliche Glossar mit den Stilfiguren, mit denen Sie im Unterricht und in Prüfungen zeigen können, dass Sie eine sehr gute Note verdient haben.

Viel Erfolg im Abitur wünscht Ihnen

Ihr Klett Lerntraining-Team

Kürzlich betrete ich die Metzgerei an der Ecke, es ist Freitagnachmittag, um ein Rumpsteak zu kaufen. Die Leute drängeln sich im Laden, aber die Frau des Meisters läßt, kaum daß sie mich erblickt hat, das Messer fallen, holt aus der Schublade an der Kasse ein Stück Papier hervor und fragt mich, ob das von mir sei. Ich sehe mir den Text an und bin sofort geständig.

WAS VERSTEHT MAN UNTER „TEXTANALYSE“ UND „INTERPRETATION“?

Es ist das erstemal, daß mir die Metzgersfrau etwas zuwirft, was ich als einen flammenden Blick bezeichnen möchte. Unter dem Murren der andern Kunden stellt sich folgendes heraus. Ich habe, ohne etwas davon zu ahnen, in das Leben der Metzgerstochter eingegriffen, die kurz vor dem Abitur steht. Man hat ihr im Deutschunterricht irgendeinen alten Text von mir vorgesetzt und sie aufgefordert, etwas darüber zu Papier zu bringen. Das Resultat: eine blanke Vier, Tränen, Krach in meines Metzgers Bungalow, vorwurfsvolle Blicke, die mich förmlich durchbohren, ein zähes Rumpsteak in meiner Pfanne.

Hans Magnus Enzensberger, Bescheidener Vorschlag zum Schutze der Jugend vor den Erzeugnissen der Poesie

Was versteht man unter „Textanalyse" und „Interpretation"?

In diesem Kapitel erfahren Sie:

- Bei der Textanalyse untersuchen Sie die Bauform eines Textes und arbeiten die formalen Gestaltungsmittel heraus.
- Bei der Interpretation deuten Sie die Aussageabsicht eines Textes unter Zuhilfenahme der Ergebnisse der Analyse.
- Um eine treffende Analyse und Interpretation erstellen zu können, müssen Sie die verschiedenen literarischen Gattungen unterscheiden können.
- Bei der Niederschrift Ihres Interpretationsaufsatzes gehen Sie in sinnvoll aufeinander aufbauenden Schritten vor.

Textanalyse und Interpretation

Die Textanalyse

Der Begriff „Textanalyse" meint die genaue Untersuchung eines Textes im Hinblick auf …

Der Begriff „Analyse" kommt aus dem Griechischen und bedeutet so viel wie „Auflösung". Wenn Sie im Deutschunterricht einen Text analysieren, lösen Sie ihn quasi in seine Bestandteile auf und untersuchen diese ganz genau. So ist der Begriff Analyse im Fremdwörterbuch definiert: **Analyse**, *die; -n: 1. systematische Untersuchung eines Gegenstandes oder Sachverhalts hinsichtlich aller einzelnen Komponenten oder Faktoren, die ihn bestimmen. (Duden: Das Fremdwörterbuch. Mannheim/Wien/Zürich 1974, S. 58)*

Eine Textanalyse können Sie mit jedem Text durchführen, egal ob es sich um einen Roman oder eine Erzählung, einen Dramentext oder um ein Gedicht handelt.

Folgendes Beispiel zeigt, wie Sie einen Text, der nur aus wenigen Sätzen besteht, analysieren können:

Sie fährt. Er zu ihr: „Die Straße ist glatt! Soll ich weiterfahren?"

die dargestellte Situation,

Untersuchung der Situation:

- Ein Mann und eine Frau sitzen vermutlich in einem Auto. Ob noch mehr Personen dabei sind, geht aus dem Text nicht hervor.
- Sie fährt, er sitzt wahrscheinlich daneben.
- Vermutlich ist es Winter, da die Straße glatt ist.

den Inhalt,

Untersuchung des Inhalts:

- Der Mann stellt fest, dass die Straße glatt ist, und bietet der Frau an, den Wagen zu lenken.

Untersuchung der Sprache:

- Der Text besteht aus zwei Teilen. Der erste Teil erklärt die Situation und leitet die wörtliche Rede ein. Der zweite Teil umfasst die wörtliche Rede.
- Die wörtliche Rede besteht aus zwei kurzen Hauptsätzen, einem Ausrufesatz und einem Fragesatz. Der Satzbau entspricht dem üblichen Stellungsplan (finites Verb an 2. Stelle beim Ausrufesatz; finites Verb an 1. Stelle beim Fragesatz).
- Die Wörter entstammen der Alltagssprache.

die Sprache und

Untersuchung der Aussageabsicht:

- Die Aussageabsicht scheint eindeutig: Er fragt sie, ob er fahren solle.

die Aussageabsicht.

Doch könnte man den Ausruf und die darauf folgende Frage nicht auch anders verstehen? Wohl schon. Seine Frage könnte bedeuten:

- „Lass lieber mich fahren, du bist zu ungeübt, um den Wagen auf glatter Straße sicher zu lenken."
- „Ich traue dir nicht zu, dass du sicher fährst."
- „Ich könnte das besser." usw.

Wenn Sie den Text so verstehen, verlassen Sie die Ebene der Analyse und begeben sich in den Bereich der Interpretation.

Die Interpretation

Doch was ist eine Interpretation? Das Fremdwörterbuch definiert den Begriff so: **Interpretation**, *die: Auslegung, Erklärung, Deutung (von Texten)*. Sie haben vermutlich erkannt, dass die Interpretation leicht in Spekulation übergehen kann. Doch davor müssen Sie sich hüten: Interpretieren Sie deshalb immer begründet, also:

Der Begriff „Interpretation" meint die Deutung eines Textes.

- Stellen Sie nicht nur Behauptungen auf, wenn Sie die Aussageabsicht eines Textes herausarbeiten.
- Begründen Sie Ihre Vermutungen mit überzeugenden Argumenten. Dieses Vorgehen ist bei unserem Beispiel angebracht. (Sie könnten so argumentieren: Da der Mann offenbar erschrickt, als er bemerkt, dass die Straße glatt ist (Ausruf), liegt es nahe zu vermuten, dass er befürchtet, die Frau könnte der Situation nicht gewachsen sein.)
- Begründen Sie Ihre Interpretation mit dem Vorwissen, das Sie aus einem Text haben.
- Ziehen Sie schließlich Ihre Kenntnisse über den Autor oder die Epoche, aus der der Text stammt, heran. Auch solche Aussagen dienen der Begründung.

Die Interpretation muss immer fundiert sein, verwenden Sie deshalb die Ergebnisse Ihrer Textanalyse.

Textanalyse und Textinterpretation gehen meist Hand in Hand. Beachten Sie dabei, dass eine sinnvolle Interpretation ohne fundierte Analyse nicht möglich ist.

Der Interpretationsaufsatz

Textanalyse und Interpretation sind Bestandteil des Aufsatzes.

Wenn Sie in Klassenarbeiten, Schulaufgaben, Klausuren oder in der Abiturprüfung einen Interpretationsaufsatz schreiben sollen, muss Ihnen klar sein, was die **Textanalyse** von der **Interpretation** unterscheidet – obwohl beide Arbeitsbereiche in Ihren Aufsatz einfließen werden. Darüber hinaus müssen Sie wissen, worauf es bei Texten ankommt und wie man mit Texten arbeitet.

Textwiedergabe/Inhaltsangabe

Bei der Textwiedergabe nähern Sie sich dem Text und klären grundlegende Fragen.

Wenn Sie mit einem fremden Text (aber auch mit einem Text, den Sie schon zu kennen glauben) konfrontiert werden, sollten Sie sich zuerst mit dem **Inhalt** beschäftigen. Fragen Sie sich:

- Was ist das Thema des Textes?
- Wovon handelt der Text?
- Was sagt die Überschrift/der Titel aus?

Wichtig ist aber auch:

- Welche Personen kommen vor?
- Wer hat den Text verfasst?
- Wann wurde der Text geschrieben?
- Wurde der Text zu einem bestimmten Anlass, zu einem bestimmten Zweck geschrieben?

Zur Textwiedergabe können Sie eine Inhaltsangabe anfertigen.

Diese Erkenntnisse können Sie in der Form der **Inhaltsangabe** niederschreiben. Diese ist zweiteilig aufgebaut und besteht aus einem einleitenden Basissatz und der Zusammenfassung der Handlung:

Teile der Inhaltsangabe	Inhalt
Einleitungssatz (= Basissatz)	Nennung des Titels, der Textsorte, des Autors und der vorkommenden Personen sowie Zeit und Ort der Handlung. Im Basissatz sollte auch der Handlungskern genannt sein.
Handlungszusammenfassung	Wiedergabe des Inhalts • ohne Erzeugung von Spannung (sachliche Sprache), • in eigenen Worten (ohne Zitate aus dem Text), • so kurz und prägnant wie möglich, aber trotzdem möglichst vollständig.

Textbeschreibung/Textanalyse

Bei der **Textbeschreibung** steht die Untersuchung der **formalen Aspekte** eines Textes im Mittelpunkt. Ihre Untersuchung wird sich dabei an den Teilaspekten Aufbau, Sprache, Motivik, Problemgehalt und Epochentypisches orientieren.

Bei der Textanalyse untersuchen Sie die formalen Aspekte eines Textes.

Für die verschiedenen literarischen Hauptgattungen gibt es daneben noch andere Untersuchungsbereiche:

Gattungen	Untersuchungsbereiche
Prosa	• Erzähler und Erzählstandpunkt (Ich-Erzähler und Er/Sie-Erzähler; auktoriales, personales und neutrales Erzählverhalten; Innen- und Außenperspektive) • Komposition (Erzählphasen; Handlungsstränge und ihre Verknüpfungen; innere und äußere Handlung) • Figurendarstellung (Konzeption; Konstellation; Konfiguration; Charakterisierung) • Sprache (Erzählerrede und Figurenrede; Sprachebene; Stil) • Zeitgestaltung (Erzählzeit und erzählte Zeit; Rückblick und Vorausdeutung) • Raumgestaltung (Raumfunktionen; Raummotive)
Drama	• Dramatische Handlung (Darbietung und Anordnung des Stoffes; Handlungsschritte und Handlungstempo; Tragödie, Komödie, Tragikomödie) • Bauform (offenes oder geschlossenes Drama; Zieldrama oder analytisches Drama; episches Theater, absurdes Theater, Dokumentartheater, Sprechstück) • Figuren und Personal (Charaktere und Typen; Charakterisierung, Figurenkonzeption, Figurenkonstellation, Figurenkonfiguration) • Sprache und Stil (Funktionen der Figurenrede; Dialog und Monolog; Sprechen zum Publikum; Haupt- und Nebentext; Stilebenen) • Raum- und Zeitgestaltung („drei Einheiten“)
Lyrik	• Kommunikationssituation (innere und äußere Kommunikation; lyrisches Ich; verdeckter Sprecher; Rollengedicht) • Bauelemente (Strophenform; Versmaß und Versform; Rhythmus; Kadenz; Zeilenstil und Enjambement) • Lyrische Sprache (Klang; Reim; Bildlichkeit; Wortwahl; Satzbau)

Textdeutung/Interpretation

Bei der Interpretation leisten Sie eine Zusammenschau von Gestalt und Gehalt.

Eine **Interpretation** fragt nach der **Gesamtaussage** eines literarischen Textes. Dass man sich dabei auf die Vorarbeiten aus der Textanalyse stützt, ist unverzichtbar. Doch jetzt geht es um noch mehr: Die Erkenntnisse zu Inhalt, Form und Sprache, der Gestalt eines Textes, müssen mit einer Deutung verbunden werden, die sich auf den Gehalt des Textes bezieht.

Die Interpretation kann sich auf **textimmanente Aspekte** wie Leitmotive und Bilder stützen, doch auch **außertextliche Aspekte** sind von Bedeutung. Welche Rolle spielen der Autor und seine Biografie, welche Rolle spielen epochentypische Kennzeichen, die man im Text erkennt?

Wie eine Textinterpretation ansetzt und zu welchen Ergebnissen sie kommen kann, soll an folgendem Textbeispiel erläutert werden:

Andreas Gryphius: Es ist alles Eitel

DU sihst / wohin du sihst nur Eitelkeit auff Erden.
Was diser heute baut / reist jener morgen ein:
Wo itzund Städte stehn / wird eine Wisen seyn /
Auff der ein Schäfers-Kind wird spilen mit den Herden:
Was itzund prächtig blüht / sol bald zutretten werden.
Was itzt so pocht und trotzt ist Morgen Asch und Bein /
Nichts ist / das ewig sey / kein Ertz / kein Marmorstein.
Itzt lacht das Glück uns an / bald donnern die Beschwerden.
Der hohen Thaten Ruhm muß wie ein Traum vergehn.
Soll denn das Spil der Zeit / der leichte Mensch bestehn?
Ach! was ist alles diß / was wir vor köstlich achten /
Als schlechte Nichtikeit / als Schatten / Staub und Wind;
Als eine Wisen-Blum / die man nicht wider find't.
Noch wil was Ewig ist kein einig Mensch betrachten!

Leitmotiv: Eitelkeit

Das Leitmotiv (➤ S. 96, 148, 179 f.) ist – wie der Begriff besagt – nicht ein Motiv unter anderen, sondern das Motiv, das der **zentralen Textaussage** zugrunde liegt. Leitmotive kommen in Texten immer wieder in verschiedenen Zusammenhängen vor, manchmal findet man sie schon im Titel; so auch hier. Eitel, Eitelkeit bedeutete im 17. Jahrhundert leer, nichtig bzw. Leere, Nichtigkeit. Damit war im Barockzeitalter der Gedanke verbunden, dass das irdische Leben vergänglich ist. Lebenshunger (carpe diem) und Wissen um die Endlichkeit des Lebens (memento mori) sind Bestandteile des **Vanitas-Motivs**.

Bei der Interpretation des Gedichts müssen Sie auf folgende Aspekte eingehen: Das Vanitas-Motiv ist ein typisches Motiv des Barock.

Deutung der Bilder

Dieses Gedicht lebt von der Fülle an Bildern (➤ S. 189), die sich meist in Gegensatzpaaren zeigen. Es ist die Rede von der Entstehung und vom Untergang der Städte (V. 1 – 4) und von der Kraft und der Vergänglichkeit der menschlichen und der unbelebten Natur (V. 5 – 8); die Verse 9 – 11 thematisieren die Unbeständigkeit ideeller Werte.

Die verwendeten Sprachbilder deuten auf die Vergänglichkeit der menschlichen Natur hin.

Diesen Bildern ist gemeinsam, dass sie die **Vergänglichkeit der menschlichen Natur**, aber auch des übrigen irdischen Lebens thematisieren. Der letzte Vers gibt schließlich einen Hinweis zur Deutung des Gedichts. Das, was für ewig Bestand hat, kennt niemand oder anders ausgedrückt: Was für die Ewigkeit zählt, sind andere Werte als die genannten irdischen.

Biografische Hintergründe

Die Abwertung irdischer Werte und Besitztümer kann man dem Gedicht entnehmen, verstehen kann man sie deshalb noch nicht. Dazu muss man mehr wissen, z. B. über den Lebensweg des Autors.

Das Leitmotiv und die verwendeten Bilder lassen sich aus der Biografie Gryphius' heraus erklären.

Andreas Gryphius wurde 1616 in Glogau/Schlesien geboren. Als er zwei Jahre alt war, brach der Dreißigjährige Krieg aus, im Alter von fünf Jahren verlor er seinen Vater, seine Mutter starb, als er zwölf war. Unter widrigen Umständen erwarb Gryphius eine akademische Bildung und heiratete. Aus der Ehe gingen sieben Kinder hervor, von denen vier schon im Kindesalter starben.

Zeit- und epochenspezifische Hintergründe

Die Auseinandersetzung mit Leben und Tod, wie sie sich im **Vanitas-Motiv** zeigt, ist typisch für die Literatur des Barock. Als Beleg für diese These ließen sich andere Sonette (➤ S. 45 ff., 67 f.) von Andreas Gryphius anführen, z. B. „Thränen des Vatterlandes“ oder „Thränen in schwerer Kranckkeit“.

Der religiöse Inhalt kann auch durch die Entstehungszeit des Gedichts erklärt werden.

Die Vergänglichkeit irdischen Lebens ist aber auch Thema anderer Dichtungen, die vor dem Hintergrund des Dreißigjährigen Krieges entstanden sind. Man denke nur an die Gedichte von Simon Dach oder an den Simplicissimus-Roman von Hans Jakob Christoffel von Grimmelshausen.

Alle Autoren des 17. Jahrhunderts waren geprägt von den Erfahrungen des

Dreißigjährigen Krieges, durch den etwa ein Drittel der Bevölkerung Europas umgekommen ist – sei es durch Kriegshandlungen, Seuchen oder Hungersnöte.

Das Beispiel zeigt, dass es für eine fundierte Interpretation nicht ausreicht, nur den Text zu analysieren. Vielmehr muss man zu seiner Deutung auch Aspekte aufgreifen, die außerhalb des Textes liegen – nur so kann man einem Text angemessen begegnen und die Argumente, die man anführt, faktenreich belegen.

Noch ein Hinweis:

Die Aufgabenbereiche Textbeschreibung und Textdeutung müssen nicht in jedem Fall getrennt voneinander behandelt werden. Ob eine getrennte Bearbeitung sinnvoll ist, hängt vom zu untersuchenden Text und der Art der Aufgabenstellung (➝ S. 17), aber auch von Ihrer persönlichen Vorliebe ab.

Stellungnahme

Sie sollten sich nicht scheuen, im Schluss Ihres Interpretationsaufsatzes eine auf stichhaltige Argumente gestützte eigene Stellungnahme abzugeben.

Eine gelungene Textinterpretation sollte nicht im historischen Raum verbleiben. Am Ende sollten Sie selbst eine Stellungnahme abgeben, die aufzeigt, was Ihnen der behandelte Text zu sagen hat. Hüten Sie sich dabei aber vor Floskeln wie „Der Text hat mir gut gefallen, weil er so realistisch geschrieben ist" oder „Mir sagt der Text nichts, er ist viel zu schwer zu verstehen".

In der eigenen Stellungnahme sollten Sie den Inhalt des Textes, besser noch die Kernaussage, auf Ihre Situation beziehen.

Antworten Sie auf den Text durch Beantwortung von Fragen wie:

- Wie stehe ich zur Aussage des Textes?
- Was hat das dargestellte Problem mit meiner Lebenswirklichkeit zu tun?
- Wie würde ich mich in einer vergleichbaren Situation verhalten?
- Welche alternativen Lösungsmöglichkeiten kann ich mir vorstellen?

Führen Sie auch hier **stichhaltige Argumente** an, vermeiden Sie es, nur auf der Beispielebene zu argumentieren.

Überblick

In einem Interpretationsaufsatz, den Sie in einer Klassenarbeit, einer Schulaufgabe oder der Abiturprüfung schreiben, legen Sie in begründeter Weise Ihr Verständnis eines Textes dar.

Überblick über das Vorgehen bei einer Klassenarbeit.

Dies erfordert
- eine genaue Lektüre des zu bearbeitenden Textes,
- die Analyse der formalen Gestaltungsmittel (Aufbau, Form, Sprache),
- eine fundierte Deutung des Textes und seiner Aussage,
- eine Stellungnahme, in der Sie Ihren Standpunkt zu dem behandelten Problem begründet darlegen.

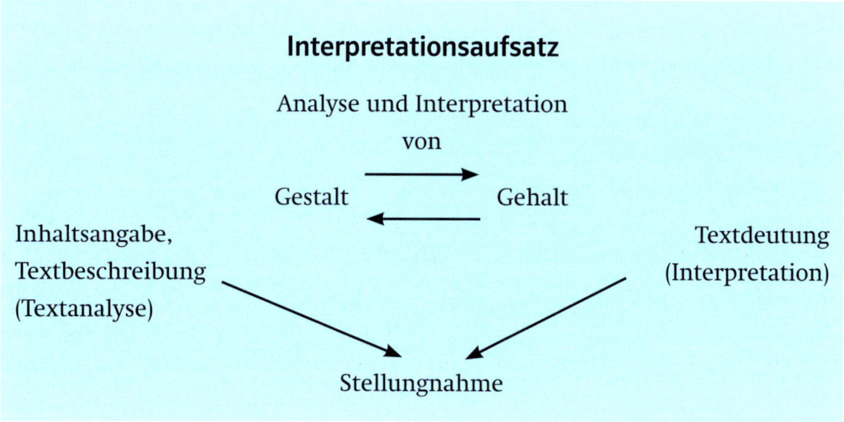

Übersicht über literarische Textformen und Gattungen

Literarische Hauptgattungen sind Prosa, Drama und Lyrik.

Dieses Kapitel trägt den Titel „Textanalyse und Interpretation“. Es werden ausschließlich literarische, nicht Sach- und Gebrauchstexte behandelt. Die Texte stammen, worauf der Untertitel hinweist, aus den Bereichen Lyrik, Drama und Prosa, den Hauptgattungen der Literatur. Unter diesen Hauptgattungen werden traditionsgemäß die Texte subsumiert, mit denen man es im Alltag zu tun hat: Märchen, Roman, Schauspiel, Gedichte, Lieder usw. Zum besseren Verständnis der literaturwissenschaftlichen Systematik sind im folgenden Schaubild die wichtigsten literarischen Textformen den Hauptgattungen optisch zugeordnet.

Prosa	Dramatik	Lyrik
Epische Kleinformen • Anekdote • Fabel • Kalendergeschichte • Kurzgeschichte • Legende • Märchen • Parabel • Schwank Mittlere Formen • Erzählung • Novelle • Sage Epische Großformen • Epos • Roman	• Komödie (Lustspiel) • Tragödie (Trauerspiel) • Bürgerliches Trauerspiel • Klassisches Drama • Tragikomödie • Schauspiel Moderne Dramenformen • episches Theater • experimentelles Theater • Dokumentartheater • kritisches Volksstück • Theater des Absurden	• Gedicht • Ballade • Romanze • Sonett • Hymne • Ode • Song/Lied

Tipps: Methodisches Vorgehen bei der Anfertigung eines Interpretationsaufsatzes

Sie wissen nun, worauf es bei einem Interpretationsaufsatz ankommt, und stellen sich vermutlich die Frage nach der Vorgehensweise. Folgende Arbeitsschritte sollten Sie einhalten:

8 Tipps für die Praxis

Tipp 1 – **Klären der Aufgabenstellung** (➛ S. 14)

Damit Sie nicht in die Irre laufen, müssen Sie ganz genau wissen, was von Ihnen erwartet wird. Hinweise dazu können Sie immer der Aufgabenstellung entnehmen.

Beschäftigen Sie sich mit der Aufgabenstellung, damit Sie genau erkennen, was von Ihnen erwartet wird.

- Lesen Sie die **Aufgabenstellung** genau, möglichst mehrmals.
- Markieren Sie die **Begriffe**, die Ihnen sagen, was von Ihnen erwartet wird, durch Unterstreichen oder farbig.
- Überlegen Sie, wo es möglicherweise zu Überschneidungen kommen könnte – berücksichtigen Sie dies in der **Gliederung** (z. B. Nennung des Themas und Zusammenfassung des Inhalts).
- Achten Sie auf **Operatoren**, die Ihnen Hinweise geben über die **Intensität der geforderten Bearbeitung** (z. B. Nennen, Zusammenfassen, Erörtern).

Tipp 2 – **Lesen des Textes**

Sie werden einen Text oder Textauszug nur dann angemessen behandeln können, wenn Sie ihn **gründlich gelesen** haben. Hüten Sie sich davor, einen Text nur flüchtig zu lesen, weil Sie ihn schon kennen, z. B. weil Sie ihn im Unterricht als Lektüre behandelt haben.

Lesen Sie den zugrundeliegenden Text gründlich, am besten mehrmals.

- Lesen Sie einen Text, den Sie bearbeiten sollen, mehrmals.
- Verschaffen Sie sich beim ersten Lesen einen Eindruck vom Text, lesen Sie ihn dann noch einmal.

Tipp 3 – **Bearbeiten des Textes**

Da Sie nachher Ihren Aufsatz zügig niederschreiben wollen, sollten Sie sich jetzt umso mehr Zeit für Ihre Überlegungen nehmen.

- Lesen Sie den Text möglichst schon beim zweiten Lesen **„mit Stift“**, streichen Sie also alles an, was Ihnen wichtig erscheint.
- Markieren Sie auch unbekannte Begriffe, die Sie nicht verstehen; schlagen Sie diese im **Wörterbuch** nach, wenn sie sich nicht selbst erklären.
- Notieren Sie am Rand des Textblatts Ihre **Assoziationen** – auch wenn diese scheinbar nichts mit dem vorliegenden Text zu tun haben (möglicherweise werden sie doch noch wichtig, z. B für die Interpretation).
- Verwenden Sie **verschiedenfarbige Stifte** (z. B. rot für Motive, grün für rhetorische Figuren usw.).

Streichen Sie im Text Auffälliges an, oder das, was Sie nicht auf Anhieb verstehen.

- Arbeiten Sie mit **Abkürzungen**, die nur Sie selbst entschlüsseln können müssen (z. B. W für Wiederholungen, ? für unklare Begriffe usw.).
- Lesen Sie den Text nach der ersten Bearbeitungsphase noch ein- oder zweimal und **ergänzen Sie Fehlendes**.

Tipp 4 – Anfertigung einer Gliederung

Notieren Sie Ihr geplantes Vorgehen bei der Textanalyse im Form einer Gliederung.

Wenn Sie Klarheit über den Text haben, seine formalen Elemente und die Textaussage einschätzen können, wenn Sie im Zuge der Textarbeit auch über den Autor und die Epoche nachgedacht haben, sollten Sie Ihre Gedanken geordnet festhalten.

- Schreiben Sie Ihre Überlegungen nun in Form einer **Gliederung** nieder.
- Diese Gliederung sollte eine **Arbeitsgliederung** sein, die Sie möglicherweise nach der Niederschrift des Interpretationsaufsatzes umschreiben müssen.
- Wenn Sie die Gliederung abgeben müssen, ist es sinnvoll, sie schon ins Reine zu schreiben, denn vielleicht ändert sie sich ja nicht. Möglicherweise fehlt Ihnen auch am Ende die Zeit, die ganze Gliederung noch einmal zu schreiben.

Tipp 5 – Niederschrift des Aufsatzes

Der erste Satz ist der schwierigste – dieses Problem haben nicht nur professionelle Autoren. Sie kennen es vielleicht aus eigener Erfahrung.

Schreiben Sie Ihren Aufsatz in einer sachlichen Sprache nieder. Achten Sie auf Orthografie und Zeichensetzung.

- Wenn Sie sich zu Beginn der Niederschrift nicht ganz sicher fühlen, können Sie die ersten Sätze auf ein **Konzeptpapier** schreiben.
- **Verbessern** Sie diese ersten Sätze, bis Sie sie für stimmig halten und schreiben Sie sie dann auf Ihr Aufsatzpapier ab.
- Vermutlich sind Sie nun im **„Schreibfluss“** und können einfach weiterschreiben.
- Achten Sie stets auf die **Zielrichtung Ihres Aufsatzes**, z. B. wenn Sie einen neuen Gliederungspunkt ausarbeiten.
- Möglicherweise nehmen Sie parallel zur Niederschrift des Aufsatzes **Änderungen an Ihrer Gliederung** vor.
- Bedenken Sie, dass ein Interpretationsaufsatz eine sachliche Aufsatzform ist. Schreiben Sie deshalb im **Sachstil** (eindeutige Formulierungen, Fachbegriffe, klarer Satzbau, Präsens).

Tipp 6 – Korrektur des Aufsatzes

Nach der Niederschrift Ihres Aufsatzes ist es sinnvoll, **Korrekturarbeiten** vorzunehmen. Dies ist nicht so einfach; besonders wenn man einen Text selbst geschrieben hat, liest man leicht über syntaktische oder orthografische Fehler hinweg.

- Lesen Sie Ihren Aufsatz noch einmal und überprüfen Sie die **Schlüssigkeit der Beweisführung**.
- Verbessern Sie **Rechtschreibfehler** und setzen Sie fehlende **Kommas.**
- Überprüfen Sie die **Textzitate**: Sind sie syntaktisch richtig in Ihre Darstellung eingebunden? Stimmen die Zeilenangaben?
- Überprüfen Sie Ihre **Gliederung**: Passt sie noch zum Aufsatz oder müssen Sie sie umschreiben?

Korrigieren Sie nach dem Ende der Niederschrift Ihren Aufsatz. Fügen Sie evtl. Ergänzungen hinzu. Überprüfen Sie auch die Stimmigkeit Ihrer Gliederung.

Diese Hinweise zur Anfertigung eines Interpretationsaufsatzes sind recht umfangreich – besonders was die Tipps zur Vorarbeit des Schreibens und die Korrektur nach dem Schreiben betrifft.

Doch wenn Sie eine gute Arbeit schreiben wollen, sollten Sie Ihren Prüfungstext möglichst genau lesen und intensiv darüber nachdenken. Das braucht Zeit, doch diese sparen Sie beim Schreiben vermutlich wieder ein. Trotzdem ist es nötig, dass Sie sich schon im Vorfeld der Prüfung genau überlegen, wie Ihr Zeitplan aussehen könnte.

Tipp 7 – Zeitplanung

In Prüfungen wird die Zeit meistens knapp. Exakte Vorarbeiten beim Lesen der Aufgabenstellung und bei der Bearbeitung des Textes ermöglichen jedoch meist eine zügige Niederschrift.

- Arbeiten Sie in Prüfungen **nie ohne Uhr**.
- Erproben Sie schon bei Übungsaufgaben und Schulaufgaben, welchen **Arbeitsrhythmus** Sie haben, bei welchen Teilaufgaben Sie schneller vorgehen und wozu Sie mehr Zeit brauchen.
- Halten Sie diese Erkenntnisse für sich selbst schriftlich fest und überprüfen Sie sie bei der nächstmöglichen Gelegenheit.
- Bringen Sie sich in entscheidenden Prüfungen nicht selbst in zeitliche Bedrängnis: Nur Sie kennen **Ihr eigenes Arbeitstempo**!

Behalten Sie in der Prüfung immer die Zeit im Blick, damit Sie Ihre Arbeit sinnvoll zu Ende führen können.

Tipp 8 … und das Wichtigste zum Schluss: Ihre individuelle Arbeitsweise

Jeder reagiert in Prüfungen unterschiedlich. Manche Prüflinge sind über die Maßen nervös, andere ganz entspannt – über die Leistung sagt das eigentlich nichts aus. Wichtig ist, dass Sie Ihr **individuelles Verhalten** finden – sowohl bei der Prüfung als auch schon bei der Vorbereitung.

- Bereiten Sie sich auf die Prüfung bestmöglich vor.
- Beginnen Sie rechtzeitig Ihre Unterrichtsmitschrift und die Lernhilfen

Bereiten Sie sich gut auf Ihre Prüfung vor, damit Sie dann gelassen ans Werk gehen können!

durchzuarbeiten.

- Versetzen Sie sich vor der Prüfung in die Situation, die Sie für ein erfolgreiches Arbeiten brauchen. Manche Prüflinge wollen sich ablenken, andere konzentrieren – es gibt kein Rezept, außer: Nehmen Sie sich selbst und Ihre Bedürfnisse ernst.
- Und dann gilt: Gehen Sie möglichst gelassen in die Prüfung und arbeiten Sie so gründlich als möglich.

Alle Querverweise im Überblick:

Leitmotiv: S. 13 ➛ S. 96, 148, 179 f.
Bild: S. 13 ➛ S. 51, 189
Sonett: S. 13 ➛ S. 45 f., 67 f.
Aufgabenstellung: S. 14 ➛ S. 17

Zusammenfassung:

Textanalyse und Interpretation

Bei der **Textanalyse** untersuchen Sie einen Text genau. Es kann sich dabei um einen literarischen Text oder einen Sachtext handeln.

Sie untersuchen dabei die Situation, klären den Inhalt, untersuchen die Sprache und die Aussageabsicht.

Bei der **Interpretation** deuten Sie den Text mit Hilfe der Untersuchungsergebnisse aus der Textanalyse:
Sie legen Ihre Sichtweise des Textes begründet dar und ziehen dabei Ihr Vorwissen bezüglich Autor, Epoche und Textsorte hinzu.

Dazu ist es notwendig, dass Sie die verschiedenen **literarischen Gattungen** (Prosa, Drama, Lyrik) sowie die verschiedenen Formen (z. B. Bildungsroman, bürgerliches Trauerspiel und Sonett) genau kennen .

Den **Interpretationsaufsatz** schreiben Sie nieder, indem Sie auf die in der Aufgabenstellung geforderten Aspekte, z. B. Textwiedergabe/Inhaltsangabe, Textbeschreibung/Textanalyse und Textdeutung/Interpretation, eingehen.

Bei der **Erarbeitung des Interpretationsaufsatzes** ist ein geordnetes Vorgehen nötig, das aus folgenden Schritten besteht:
- Klären der Aufgabenstellung
- Lesen des Textes
- Bearbeiten des Textes
- Anfertigen einer Gliederung
- Niederschrift des Aufsatzes
- Korrektur des Aufsatzes.

Achten Sie bei diesen Arbeitsschritten auf eine stimmige Zeitplanung und orientieren Sie sich an Ihrer individuellen Arbeitsweise.

ratschlag für einen jungen dichter

als dichter musst du wissen wie
man leute killt köpfe zwischen
zeilen klemmt sie plätten satz für
satz das ist das blei das du hast
ein gutes gedicht braucht heut
zutage einfach einen mord damit
die quote stimmt sie nicht zum
pinkeln gehen wenn du um ihre
herzen wirbst musst du sie brechen

Albert Ostermeier, 1995

Lyrik

In diesem Kapitel erfahren Sie:

- Der Begriff Lyrik steht für alle in Gedichtform geschriebenen Texte – unabhängig von ihrer Entstehungszeit und ihrem Inhalt.
- Der Sprecher eines Gedichts kann ein Ich sein, das so genannte lyrische Ich. Er kann aber auch in anderen Formen (z. B. als Du oder Wir) auftreten. Manchmal kommt er auch nur versteckt vor.
- Gedichte weisen eine besondere Form auf. Das gilt für das Schrift- oder Druckbild, aber auch für die besondere Gestaltung der Zeilen (Verse) oder Abschnitte (Strophen).
- Gedichte sind in einer besonderen Sprache geschrieben. Die Autoren drücken sich oft in sprachlichen Bildern aus und gebrauchen neu geschaffene oder ungewöhnliche Begriffe. Sie halten sich oft nicht an orthografische, grammatikalische und syntaktische Konventionen. Die in Gedichten verwendete Sprache erfährt dadurch häufig eine besondere Verdichtung, die das Gedicht von anderen literarischen Gattungen unterscheidet.
- Anhand der Gestaltung unterscheidet man die verschiedenen Gedichtformen, z. B. die Ballade, die Ode, das Volkslied oder das Sonett.

Ursprünge der Lyrik

Der Begriff Lyrik bezeichnet ursprünglich Lieder, die zur Lyra gesungen werden konnten.

Der Begriff Lyrik kommt vom griechischen lyrikós: zum Spiel der Lyra (= Leier) gehörend. Im antiken Griechenland wurden die Texte zu Musikbegleitung gesungen, ähnlich unserer heutigen Lieder, Songs oder Chansons. Die Abbildung auf der Auftaktseite zeigt einen griechischen Sänger mit der Lyra.

Die traditionelle Lyrik ist in Verse und Strophen gegliedert, zeigt ein festes Versmaß und einen Endreim.

Bei traditionellen Gedichten handelt es sich in der Regel um Texte, die sich für einen musikalischen Vortrag eignen würden. Dies liegt an ihrer strengen Gestaltungs- und Bauform. **Gedichte des 16. bis 19. Jahrhunderts** verfügen über einen bestimmten Rhythmus, gliedern sich in Takte (Versfüße), Verse und Strophen. Die Takte zeigen eine gewisse Regelmäßigkeit, man spricht dann von einem Versmaß. Die Verse reimen sich meist und stellen so eine innere Verbindung her; die Strophen zeigen eine gewisse Regelmäßigkeit oder sind aus gut durchdachten Gründen unregelmäßig. Manchmal kommt ein Refrain hinzu.

Die moderne Lyrik weicht von der Bauform der traditionellen Lyrik ab. Es treten vermehrt sprachliche Besonderheiten auf.

Die **Lyrik des 20. Jahrhunderts** weicht von dieser Beschreibung oft ab, wie das Beispiel des Gedichts von Albert Ostermeier (→ S. 23) zeigt. Die moderne Lyrik verwendet vermehrt Bilder, Chiffren, auffällige semantische Konnotationen und syntaktische Brüche. Formale Aspekte wie Versmaß, Reimschema und Strophenbau sind zweitrangig geworden. Moderne Gedichte sind häufig schon am Druckbild erkennbar.

Kommunikationssituation im Gedicht

Oft wird bei der **Gedichtinterpretation** gefragt: „Was wollte uns der Dichter sagen?“ Eigentlich ist diese Frage völlig falsch gestellt. Viele Autoren (➛ S. 75, 104, 137 ff.) schreiben ein Gedicht, mit dem sie dem Leser gar nichts sagen wollen, das z. B. lediglich ein Stimmungsbild oder einen persönlichen Eindruck vermitteln soll. Andere Schriftsteller schreiben Gedichte, die verschiedene Aussagemöglichkeiten zulassen; hier wäre es falsch, eine Aussage als die einzig richtige verbindlich festzulegen.

Die Frage nach der Kommunikationssituation beschäftigt sich damit, an wen ein Gedicht gerichtet ist.

Die Frage müsste eigentlich lauten: „Was sagt das Gedicht aus?“ Um diese Frage zu beantworten, muss man die **Gesetzmäßigkeiten der Interpretation** kennen und einige Regeln beachten. Diese werden im Folgenden dargelegt.

Wie kann man also ein Gedicht verstehen, wie kann man es interpretieren? Gehen wir von einem Beispiel aus:

Erich Fried: Exil (1946)

Auch dies: Es hat mich ja als Kind vertrieben.
Sechs Jahre Fremde bleichen jedes Wort.
Und was die Tinte schreibt, bleibt hingeschrieben.

Die Berge aber sind daheim geblieben!
Der Stallgeruch, der an den Hang gebaute Ort,
der Wildbach und das Mundartwort,
die Stadt und, auf dem Friedhof schon, die Lieben:
Sie warten alle. – Ich nur, ich bin fort.

„Wer sagt: hier herrscht Freiheit, der lügt, denn Freiheit herrscht nicht.“
Erich Fried

Kennt man die Lebensgeschichte Erich Frieds, darf man davon ausgehen, dass er dieses Gedicht nicht irgendeinem Sprecher in den Mund gelegt hat, sondern dass er seine eigene Situation beschreibt.

Liest man das Gedicht „Exil“ genau, kann man feststellen, dass Fried darin seine eigene biografische Situation beschreibt. Er schreibt von sich für eine interessierte Leserschaft. Aussagen, die nur innerhalb des Gedichts zu verstehen sind, gibt es nicht; man spricht deshalb von **äußerer Kommunikation** (➛ S. 27 ff., 110).

ERICH FRIED (1921–1988)

- 1921: geboren am 6. Mai als Sohn jüdischer Eltern in Wien
- 1938: nach der Besetzung Österreichs durch die Nationalsozialisten Flucht ins Exil nach England, wo er bis 1968 als politischer Kommentator für den German Service der BBC arbeitete
- ab 1968: Engagement in Deutschland im Rahmen der 68er-Bewegung, verstärkte schriftstelleri-sche Tätigkeit (politische und Liebesgedichte, Shakespeare-Übersetzungen)
- 1977: Lehrauftrag an der Universität Gießen
- 1988: gestorben in Baden-Baden

Äußere Kommunikation (→ S. 25, 110)

Das Gedicht „Exil“ lässt sich ganz unmittelbar rezipieren: Der Autor schreibt für ein Publikum, das ihm zwar nicht bekannt ist, von dem er aber annehmen kann, dass es die zeitgeschichtlichen Hintergründe kennt oder leicht in Erfahrung bringen kann. Deshalb spricht man in diesem Fall von **äußerer Kommunikation**. Damit ist gemeint, dass ein Autor mit seinem Publikum in direkten Kontakt tritt. In einem Schaubild kann das so dargestellt werden:

Der Begriff „äußere Kommunikation“ besagt, dass der Dichter direkt mit seinen Lesern in Kontakt tritt.

Autor —— (produziert) ——→ Gedicht ←—— (rezipiert) —— Leser

Neben der äußeren Kommunikation gibt es in Gedichten (wie überhaupt in literarischen Texten) eine innere Kommunikation. Diese kann folgendermaßen definiert werden:

Innere Kommunikation

Üblicherweise spricht der Autor in einem Gedicht nicht von sich selbst; meist versetzt er sich in die Situation einer anderen Figur, die mit ihm viel oder wenig, manchmal auch gar nichts gemeinsam hat. Aus der Sicht dieser Figur ist das Gedicht geschrieben. Die Kommunikation spielt sich dann innerhalb des Gedichts ab.

Die „innere Kommunikation“ spielt sich innerhalb eines Gedichtes ab.

Kommt die Figur im Gedicht vor, spricht man von einem **lyrischen Ich** (→ S. 28, 138 f.). Kommt die Figur nicht vor, spricht sie aber einen anderen an, ist dieser das **lyrische Du**. Möglicherweise gibt es einen Sprecher, der überhaupt nicht in Erscheinung tritt; dann nennt man ihn den **verdeckten Sprecher**. Einen Sonderfall bildet das lyrische Ich, das mit dem Autor nicht identisch sein kann, z. B. weil es ein anderes Geschlecht hat, aus einer anderen Epoche stammt oder innerhalb des Gedichts wechselt. In diesem Fall nimmt das Ich eine Rolle ein – man spricht von einem **Rollengedicht**. Ein **Dialoggedicht** liegt vor, wenn es in einem Rollengedicht zu einem Gespräch zwischen zwei Figuren kommt.

Häufig gibt es in einem Gedicht ein lyrisches Ich oder einen verdeckten Sprecher.

Das lyrische Ich (→ S. 27, 138 f.)

Das lyrische Ich tritt in der 1. Person Singular auf und betont die Subjektivität des Erlebens.

Ist der Sprecher Bestandteil des Gedichts, nennt man ihn lyrisches Ich (oder, wenn er im Plural auftritt: lyrisches Wir). Das lyrische Ich ist an den Personal- oder Possessivpronomen in der **1. Person Singular** (bzw. an der Pluralform, wenn es in der Mehrzahl auftritt) zu erkennen, aber auch an Ausrufen, Wünschen und Fragen. Die Ich-Form ermöglicht eine größere **Unmittelbarkeit der Darstellung** sowie einen tieferen Einblick in die **Subjektivität des Erlebens**. Das lyrische Ich kommt so häufig vor, dass es zu einem Kennzeichen traditioneller und moderner Gedichte (→ S. 56 ff.) geworden ist.

Joseph von Eichendorff: Mondnacht (1837)

Es war, als hätt der Himmel
Die Erde still geküßt,
Daß sie im Blütenschimmer
Von ihm nun träumen müßt.

Die Luft ging durch die Felder,
Die Ähren wogten sacht,
Es rauschten leis die Wälder,
So sternklar war die Nacht.

Und meine Seele spannte
Weit ihre Flügel aus,
Flog durch die stillen Lande,
Als flöge sie nach Haus.

Anrede eines „lyrischen Du"

Kommt in einem Gedicht kein Ich vor, kann man es trotzdem **erschließen**, wenn es eine andere Figur oder den Leser (also ein lyrisches Du) anspricht. Dieses Du, der Adressat des Gedichts, kann sein: der oder die Geliebte (in einem Liebesgedicht), ein Jubilar (bei einem Gelegenheitsgedicht) oder der Unerfahrene, dem etwas mitgeteilt wird (in einem lehrhaften Gedicht). Oft haben solche Gedichte informativen oder appellativen Charakter.

Bei der Anrede eines „lyrischen Du" kann auf ein lyrisches Ich rückgeschlossen werden.

Beispiel für ein Gedicht, in dem ein Du angesprochen wird:

Johann Wolfgang von Goethe: Wandrers Nachtlied (wahrscheinlich 1780)

Über allen Gipfeln
Ist Ruh,
In allen Wipfeln
Spürest du
Kaum einen Hauch;
Die Vögelein schweigen im Walde.
Warte nur, balde
Ruhest du auch.

Der verdeckte Sprecher

Macht ein Sprecher keine Aussagen über sich und spricht er auch keine anderen an, äußert er sich nur über Vorgänge, Begebenheiten, die Natur, Gegenstände usw. spricht man von einem verdeckten (oder neutralen) Sprecher. Der verdeckte Sprecher kommt auch oft in so genannten Dinggedichten (→ S. 34, 68) vor; er wirkt **objektiv**, **nüchtern** und **sachlich**, wie folgendes Beispiel eines Gedichts von Conrad Ferdinand Meyer zeigt:

Der verdeckte Sprecher spricht weder über sich noch erkennbar zu anderen.

Conrad Ferdinand Meyer: Auf dem Canal grande (1882)

Auf dem Canal grande betten
tief sich ein die Abendschatten,
hundert dunkle Gondeln gleiten
als ein flüsterndes Geheimnis.

Aber zwischen zwei Palästen
glüht herein die Abendsonne,
flammend wirft sie einen grellen
breiten Streifen auf die Gondeln.

In dem purpurroten Lichte
laute Stimmen, hell Gelächter,
überredende Gebärden
und das frevle Spiel der Augen.

Eine kleine, kurze Strecke
treibt das Leben leidenschaftlich
und erlischt im Schatten drüben
als ein unverständlich Murmeln.

Das Rollengedicht

Im Rollengedicht nimmt das Ich eine ihm zugewiesene Rolle ein; falls dabei ein Zwiegespräch stattfindet, spricht man vom Dialoggedicht.

In einem Rollengedicht gibt es ein Ich, das aber unmöglich mit dem Autor identisch sein kann, da sie von unterschiedlichem Geschlecht sind, das Ich in einer anderen Zeit als der Autor lebt oder das Ich zu große Unterschiede zum Autor aufweist (z. B. in seiner politischen Anschauung usw.).

Innerhalb eines Rollengedichts kann es auch zu einem Dialog zwischen zwei Figuren kommen; man spricht dann von einem **Dialoggedicht**.

Beispiel für ein Rollengedicht:

Eduard Mörike: Das verlassene Mägdlein (1829)

Früh, wann die Hähne krähn,
Eh die Sternlein verschwinden,
Muß ich am Herde stehn,
Muß Feuer zünden.

Schön ist der Flammen Schein,
Es springen die Funken;
Ich schau so drein,
In Leid versunken.

Plötzlich, da kommt es mir,
Treuloser Knabe,
Daß ich die Nacht von dir
Geträumet habe.

Träne auf Träne dann
Stürzet hernieder;
So kommt der Tag heran –
O ging' er wieder!

In dem gezeigten Beispiel spricht nicht der Autor unmittelbar zum Leser. Vielmehr gibt es einen Sprecher (eine Sprecherin), der sich an einen (unbekannten) Adressaten wendet. Dieser mag den Autor persönlich kennen, vielleicht liest er das Gedicht aber erst Jahrhunderte später. Eine derartige Kommunikationssituation nennt man deshalb **innere Kommunikation**; sie spielt sich innerhalb der literarischen Grundsituation ab. Schematisch lässt sich dies so darstellen:

Das Rollengedicht und das Dialoggedicht sind auf innere Kommunikation hin angelegt.

Autor → [Sprecher → unbekannter Adressat] → Leser

Bau- und Gestaltungselemente lyrischer Texte

Würde man einen Prosatext in die Form eines Gedichts umschreiben, entstünde daraus noch kein Gedicht. Folgendes Beispiel kann das veranschaulichen:

Eisenbahnunglück auf der Taybrücke

Während eines furchtbaren Windsturmes
brach am 29. Dezember 1879 nachts
die Eisenbahnbrücke über den Taystrom
in Schottland zusammen,
im Moment, als der Zug darüber fuhr.

90 Personen, nach anderen 300,
kamen dabei ums Leben;

der verunglückte Zug hatte sieben Wagen,
die fast alle besetzt waren,
und er stürzte über 100 Fuß tief
ins Wasser hinunter.

Alle 13 Brückenspannungen sind samt
den Säulen, worauf sie standen,
verschwunden.

Die Öffnung der Brücke ist
eine halbe englische Meile lang.
Bis jetzt waren alle Versuche
zur Auffindung der Leichen vergeblich.

Prosatexte, die in Versen abgedruckt werden, ergeben noch kein Gedicht.

Bei diesem Text handelt es sich um einen **Zeitungsartikel**, der in Prosa verfasst, hier aber zur Veranschaulichung in Zeilen gegliedert abgedruckt wurde. Der Pressetext berichtet über einen realen Vorfall: Am 29. Dezember 1879 ereignete sich an der Tay-Brücke in Schottland ein Eisenbahnunglück, bei dem mindestens 90 Personen ums Leben gekommen sind. Dieser Unfall ging durch die Presse und wurde auch in Deutschland bekannt. Theodor Fontane nahm ihn zum Anlass für eine dichterische Darstellung in der Form einer **Ballade** (➛ S. 33, 47, 65).

THEODOR FONTANE (1819–1898)

- geboren 1819 als Sohn eines Apothekers in Neuruppin
- Apotheker und Journalist
- Kriegsberichterstatter im Deutsch-Dänischen Krieg (1864)
- Vertreter des poetischen Realismus, bekannt für seine Gesellschaftsromane (Effi Briest, Irrungen Wirrungen, Frau Jenny Treibel)
- gestorben 1898 in Berlin

Ein Auszug aus dieser Ballade liest sich so:

Theodor Fontane: Die Brück' am Tay

[…]
Und es war der Zug. Am Süderturm
Keucht er vorbei jetzt gegen den Sturm,
Und Johnie spricht: „Die Brücke noch!
Aber was tut es, wir zwingen es doch.
Ein fester Kessel, ein doppelter Dampf,
Die bleiben Sieger in solchem Kampf.
Und wie's auch rast und ringt und rennt,
Wir kriegen es unter, das Element.
Und unser Stolz ist unsre Brück';
Ich lache, denk ich an früher zurück,
An all den Jammer und all die Not
Mit dem elend alten Schifferboot;
Wie manche liebe Christfestnacht
Hab ich im Fährhaus zugebracht
Und sah unsrer Fenster lichten Schein
Und zählte und konnte nicht drüben sein.“

Auf der Norderseite das Brückenhaus –
Alle Fenster sehen nach Süden aus,
Und die Brücknersleut ohne Rast und Ruh
Und in Bangen sehen nach Süden zu;
Denn wütender wurde der Winde Spiel,
Und jetzt, als ob Feuer vom Himmel fiel,
Erglüht es in niederschießender Pracht
Überm Wasser unten … Und wieder ist Nacht.
[…]

„Der Realismus wird ganz falsch aufgefaßt, wenn man von ihm annimmt, er sei mit der Häßlichkeit ein für allemal vermählt. Er wird erst ganz echt sein, wenn er sich umgekehrt mit der Schönheit vermählt und das nebenherlaufende Häßliche, das nun mal zum Leben gehört, verklärt hat.“

Fontane in einem Brief an Stephany, 10.10.1889

Sprachliche Verdichtung

Gedichte sind sprachlich verdichtete Texte, die meist in Versen gestaltet sind.

Zu einem Gedicht gehört mehr als die Form: Lyrische Texte sind **sprachlich verdichtete Texte**, die in einer ganz besonderen Form aufgeschrieben sind, d. h. wie in Fontanes Ballade lassen sich Versfüße (oder Takte) erkennen, die ein Versmaß ergeben. Die Verse beginnen manchmal mit einem Auftakt und enden mit einer Kadenz. Meist sind die Verse auf mehrere Strophen verteilt; diese haben eine besondere Form.

Wie ein Autor arbeitet, um diese Verdichtung zu erreichen, zeigt anschaulich ein Dinggedicht (➛ S. 29, 68) Conrad Ferdinand Meyers, das unter dem Titel „Der römische Brunnen" bekannt geworden ist.

Rom: Springquell (1860)

Es steigt der Quelle reicher Strahl
Und sinkt in eine schlanke Schal'.
Das dunkle Wasser überfließt
Und sich in eine Muschel gießt.
Es überströmt die Muschel dann
Und füllt ein Marmorbecken an.
Ein jedes nimmt und gibt zugleich
Und allesammen bleiben reich,
Und ob's auf allen Stufen quillt,
So bleibt die Ruhe doch im Bild.

Autoren bearbeiten ihre Gedichte oft mehrmals, bis sie die Form haben, die sie für passend halten.

Die erste Fassung von Meyers Gedicht beschreibt die Anlage des Brunnens und den Fluss des Wassers genau: das Aufsteigen und das Sinken, das Füllen des Marmorbeckens und das dadurch entstehende Bild von Ruhe. Das Gedicht besteht aus einer Strophe, das Versmaß ist ein vierhebiger Jambus, der – zusammen mit den Paarreimen – die Grundstimmung unterstutzt.

Der schöne Brunnen (1864)

In einem römischen Garten
Weiß ich einen schönen Bronnen
Von Laubwerk aller Arten
Umwölbt und grün umsponnen
Er steigt in lichtem Strahle,
Der unerschöpflich ist,
Und plätschert in eine Schale,
Die golden wallend überfließt.

Das Wasser flutet nieder
In zweiter Schale Mitte.

Und voll ist diese wieder,
Es flutet in die dritte:
Ein Geben und ein Nehmen
Und alle bleiben reich.
Und alle Stufen strömen
Und scheinen unbewegt zugleich.

In der zweiten Fassung bleibt die Grundaussage gleich, die Darstellung wird jedoch um die genauere Beschreibung des Brunnen ausgeweitet, so dass das Gedicht nun 16 Verse, gegliedert in zwei Strophen, umfasst. Der Paarreim ist einem Kreuzreim gewichen.

Deshalb ist es nicht unüblich, dass es von Gedichten mehrere Fassungen gibt.

Der Brunnen (1865)

In einem römischen Garten
Verborgen ist ein Bronne,
Behütet von dem harten
Geleucht' der Morgensonne,
Er steigt in schlankem Strahle
In dunkle Laubesnacht
Und sinkt in eine Schale
Und übergießt sie sacht.

Die Wasser steigen nieder
In zweiter Schale Mitte
Und voll ist diese wieder,
Sie fluten in die dritte:
Ein Nehmen und ein Geben
Und alle bleiben reich,
Und alle Fluten leben
Und ruhen doch zugleich.

Die dritte Fassung, die ebenfalls aus zwei Strophen und 16 Versen besteht und die ebenfalls den Kreuzreim zeigt, unterscheidet sich von der 2. Fassung vor allem durch die veränderte Wortwahl: Meyer verwendet nun mehr beschreibende, stimmungsvolle Adjektive („verborgen“, „behütet“, „dunkle Laubesnacht“). Auch wird die Bedeutung des Wassers noch stärker betont (statt „das Wasser“ heißt es nun „Die Wasser“, V. 9).

Jede Fassung bringt den Autor seinem Ziel einen Schritt näher.

Der Brunnen (1869)

Der Springquell plätschert und erfüllt
Die Schale, daß sie überfließt;
Die steht vom Wasser leicht umhüllt,

Indem sie's in die zweite gießt;
Und diese wallt und wird zu reich
Und gibt der dritten ihre Flut,
Und jede gibt und nimmt zugleich,
Und alles strömt und alles ruht.

Manchmal werden dabei auch ältere Bearbeitungsformen wieder aufgenommen und modifiziert.

In der vierten Fassung reduziert Meyer die Aussage wieder auf den Fluss des Wassers; die Beschreibung des Aussehens des Brunnens und der ihn umgebenden Stimmung scheint ihm nicht mehr so wichtig. Jedoch klingt der Anfang des Gedichts noch nicht getragen genug, so dass der Autor diesen zur fünften Fassung noch einmal verändert – verdichtet – und damit dem Gedicht seine endgültige Gestalt gibt:

Der römische Brunnen (1882)

Aufsteigt der Strahl und fallend gießt
Er voll der Marmorschale Rund,
Die, sich verschleiernd, überfließt
In einer zweiten Schale Grund;
Die zweite gibt, sie wird zu reich,
Der dritten wallend ihre Flut,
Und jede nimmt und gibt zugleich
Und strömt und ruht.

„Ich bin kein ausgeklügelt Buch, ich bin ein Mensch mit seinem Widerspruch."
C. F. Meyer

Die verschiedenen Fassungen von Meyers Gedicht verdeutlichen das **Ringen des Autors mit seinem Stoff**: Die Sprache wird reduziert, die Wortwahl immer exakter, der Symbolgehalt des Brunnens (der Fluss des Wassers entspricht dem Werden und Vergehen alles Irdischen) kommt dadurch deutlicher zum Vorschein. Diese Tendenz wird durch die Veränderung des Versmaßes unterstützt: In der Fassung von 1860 verwendet Meyer durchgängig den vierhebigen Jambus, in der zweiten und dritten Fassung wird die Rhythmik aufgelockert, in den letzten beiden Fassungen kehrt er wieder zum ursprünglichen Versmaß zurück, setzt aber in der letzten Fassung einen Auftakt an den Anfang, wodurch der Fluss der Sprache den des Wassers nachahmt: Der Auftakt lässt den Leser das Aufsteigen des Wassers empfinden; die Strömung, die im untersten Becken des Brunnens in einen Ruhezustand übergeht, ist im letzten Vers durch die Änderung des Versmaßes und die Reihung der Verben mithilfe der Konjunktion „und" in Sprache umgesetzt. Auffallend ist bei der letzten Fassung, dass weder der Begriff „Wasser" noch der Begriff „Brunnen" vorkommt. Diese **Abstraktionsstufe** hat Meyer in den vorausgehenden Fassungen seines Gedichtes noch nicht erreicht.

Am Ende steht eine Fassung, die als die letztgültige vom Autor verfügt wird.

CONRAD FERDINAND MEYER (1825–1898)

- geboren 1825 als Sohn eines Züricher Ratsherrn
- Jurastudium und Malerausbildung
- als Übersetzer (deutsch – französisch) tätig
- bekannt für seine Dinggedichte
- gestorben 1898 in Kilchberg bei Zürich

Versfuß (oder Takt)

Der Versfuß (oder Takt) ist die **kleinste Einheit des Metrums**. Ein Versfuß besteht aus einer betonten und einer oder mehreren unbetonten Silben. Je nach Anzahl der unbetonten Silben liegt ein zweisilbiger oder dreisilbiger Versfuß vor. Folgt auf eine kurze Silbe eine lange, liegt ein steigender, folgt auf eine lange Silbe eine kurze, liegt ein fallender Versfuß vor.

Jedes Gedicht besteht aus einzelnen Versfüßen, die man auch Takte nennt.

Zweisilbige Versfüße	Dreisilbige Versfüße
Jambus xx́ unbetont betont steigender Versfuß (➛ S. 38)	Anapäst xxx́ unbetont unbetont betont steigender Versfuß
Trochäus x́x betont unbetont fallender Versfuß (➛ S. 39)	Daktylus x́xx betont unbetont unbetont fallender Versfuß (➛ S. 40)

Versmaß

Es gibt verschiedene Versmaße, die ein Gedicht kennzeichnen:

Das Versmaß ergibt sich aus der regelmäßigen Anordnung der Versfüße. Ein Versfuß besteht aus zwei oder drei betonten und unbetonten Silben. Diese werden so dargestellt:

x = unbetonte Silbe,
x́ = betonte Silbe.

Jedes x steht dabei für eine Silbe. Folgende Versmaße sind im Deutschen üblich:

… Versmaße, die auf dem Jambus beruhen und eine unterschiedliche Anzahl von Hebungen und Senkungen haben,

Jambische Versmaße (➛ S. 37):

- **Zweiheber**

Das ist die Welt; xx́xx́
Sie steigt und fällt… xx́xx́
(Johann Wolfgang von Goethe, Faust. Der Tragödie erster Teil)

- **Dreiheber**

Der jambische Dreiheber wurde vor allem im Volkslied und im Kirchenlied verwendet.

Der Mond ist aufgegangen, xx́xx́xx́x
Die goldnen Sternlein prangen… xx́xx́xx́x
(Matthias Claudius, Abendlied)

- **Vierheber**

Der jambische Vierheber wurde oft im Volkslied verwendet.

Wem Gott will rechte Gunst erweisen, xx́xx́xx́xx́x
Den schickt er in die weite Welt… xx́xx́xx́xx́
(Joseph von Eichendorff, Der frohe Wandersmann)

- **Fünfheber**

Der Blankvers (➛ S. 41, 71, 94) ist ein ungereimter jambischer Fünfheber.

Sein Blick ist vom Vorübergehn der Stäbe xx́xx́xx́xx́xx́x
so müd geworden, dass er nichts mehr hält xx́xx́xx́xx́xx́
(Rainer Maria Rilke, Der Panther)

- **Sechsheber**

Der jambische Sechsheber mit Zäsur nach der dritten Hebung wird Alexandriner (➛ S. 41, 67) genannt.

Du siehst, wohin du siehst, nur Eitelkeit auf Erden, xx́xx́xx́ xx́xx́xx́x
Was dieser heute baut, reißt jener morgen ein xx́xx́xx́ xx́xx́xx́
(Andreas Gryphius, Es ist alles eitel)

Trochäische Versmaße (→ S. 37):

… Versmaße, die auf dem Trochäus beruhen und eine unterschiedliche Anzahl von Hebungen und Senkungen haben,

- **Zweiheber**

Walle, walle	x́x x́x
Manche Strecke,	x́x x́x
Dass zum Zwecke,	x́x x́x
Wasser fließe…	x́x x́x
(Johann Wolfgang von Goethe, Der Zauberlehrling)	

- **Dreiheber**

Selten vorkommender, aber prägnanter Vers.

Freiheit, die ich meine,	x́x x́x x́x
Die mein Herz erfüllt	x́x x́x x́
(Max von Schenkendorf)	

- **Vierheber**

Beliebt in der anakreontischen Lyrik und bei den Romantikern.

Schläft ein Lied in allen Dingen,	x́x x́x x́x x́x
Die da träumen fort und fort…	x́x x́x x́x x́
(Joseph von Eichendorff, Wünschelrute)	

- **Fünfheber**

Der trochäische Fünfheber wirkt schwer. Er ist für nachdenkliche Betrachtungen geeignet.

Jüngst im Traume sah ich auf den Fluten	x́x x́x x́x x́x x́x
Einen Nachen ohne Ruder ziehn	x́x x́x x́x x́x x́
(Conrad Ferdinand Meyer, Lethe)	

- **Sechsheber**

Aufgestanden ist er, welcher lange schlief,	x́x x́x x́x x́x x́x x́
Aufgestanden unten aus Gewölben tief…	x́x x́x x́x x́x x́x x́
(Georg Heym, Der Krieg)	

… und Versmaße, die auf dem Daktylus beruhen und eine unterschiedliche Anzahl von Hebungen und Senkungen haben.

Daktylische Versmaße (→ S. 37):

- **Zweiheber**

  Die Nebel zerreißen, x x́xx x́x
  Der Himmel ist helle… x x́xx x́x
  (Johann Wolfgang von Goethe, Glückliche Fahrt)

- **Dreiheber**

  Quellende, schwellende Nacht x́xx x́xx x́
  (Friedrich Hebbel, Nachtlied)

- **Vierheber**

  Wir singen und sagen vom Grafen so gern x x́xx x́xx x́xx x́
  (Johann Wolfgang von Goethe, Hochzeitslied)

- **Fünfheber**

  Im 18. Jahrhundert beliebt wegen der beschwingten Form. Wurde oft vertont.

  Lobe den Herren, den mächtigen König der Ehren
  (Joachim Neander, Der Lobende) x́xx x́xx x́xx x́xx x́x

- **Sechsheber**

  Pfingsten, das liebliche Fest, war gekommen, es grünten und blühten
  (Johann Wolfgang von Goethe, Reineke Fuchs) x́xx x́xx x́xx x́xx x́xx x́x

Rein anapästische Versmaße sind in der deutschen Dichtung selten.

Versform

Manche Verse kommen häufig in **festen Formen** vor, so z. B. der 6-hebige Jambus mit Mittelzäsur. Solche festen Versformen werden mit eigenen Begriffen bezeichnet. Den 6-hebigen Jambus mit Zäsur nennt man z. B. Alexandriner-Vers, weil er in der altfranzösischen Alexander-Dichtung verwendet wurde.

Aus den verschiedenen Versmaßen ergeben sich verschiedene feste Versformen.

Folgende feste Versformen sind im Deutschen üblich:

Jambische Versformen	
Knittelvers	• 4-hebiger Jambus mit Endreim • Das Versmaß wird nicht immer ganz genau eingehalten; zwei aufeinander folgende unbetonte Silben sind möglich. x́xxx́x́xxx́ xx́xx́xx́xx́ • *Habe nun, ach! Philosophie,* *Juristerei und Medizin* *(Johann Wolfgang von Goethe, Faust. Der Tragödie erster Teil)* Die Meistersänger im 14. und 15. Jahrhundert verwendeten den Knittelvers regelmäßig, dann ist er bis zu Goethes Verwendung in „Faust. Der Tragödie erster Teil“ (1808) in Vergessenheit geraten.
Blankvers (➢ S. 38, 71, 94)	• 5-hebiger Jambus ohne Endreim • Der Vers kann betont oder unbetont schließen. xx́xx́xx́xx́xx́x • *Heraus in eure Schatten, rege Wipfel* *(Johann Wolfgang von Goethe, Iphigenie auf Tauris)* Nach dem Vorbild Shakespeares wurde dieser freie, schmiegsame Vers durch die Verwendung in Lessings Drama „Nathan der Weise“ zum klassischen deutschen Dramenvers.
Alexandriner (➢ S. 38, 67)	• 6-hebiger Jambus mit Mittelzäsur xx́xx́xx́//xx́xx́xx́x • *Wir sind doch nunmehr gantz ja mehr denn gantz verheeret!* *(Andreas Gryphius, Thränen des Vaterlandes)* • Das Versmaß ermöglicht eine Zweiteilung des Verses in Satz und Gegensatz, Behauptung und Begründung usw. Aus der französischen Dichtung stammend, wurde der Alexandriner zur beliebtesten Versform des Barock, da die durch die Mittelzäsur sich ergebende Zweiteilung des Verses das antithetische Lebensgefühl der Zeit ausdrücken kann.

Trochäische bzw. daktylische Versformen	
Pentameter (→ S. 45)	• Entgegen seines Namens ein 6-hebiger Daktylus, nach der dritten und sechsten Hebung können die Senkungen entfallen; die dritte und vierte Hebung folgen aufeinander, so dass eine Zäsur entsteht. x́xxx́xxx́//x́xxx́xxx́ • *Glaub es, ich denke nicht frech, denke nicht niedrig von dir. (Johann Wolfgang von Goethe, 3. Römische Elegie)* • Das Versmaß ermöglicht eine Zweiteilung des Verses in Satz und Gegensatz, Behauptung und Begründung usw. Der Pentameter (griech. für Fünfmesser) ist eine antike Versform, die seit der Klassik wieder häufiger verwendet wird. Zusammen mit dem Hexameter bildet er ein Distichon.
Hexameter (→ S. 45)	• Auftaktloser 6-hebiger Daktylus mit Mittelzäsur x́x́xx́xxxx́//xx́xxx́x • *Aus den Gärten komm ich zu euch, ihr Söhne des Berges! (Friedrich Hölderlin, Die Eichbäume)* Der Hexameter (griech.: Sechsmesser) ist der Grundvers des antiken Epos (z. B. Ilias, Odyssee).
Distichon (→ S. 45, 48)	• Verspaar bestehend aus Hexameter und Pentameter x́x́xxxx́//xx́xx́xxx́x x́x́xxxx́//x́xxx́xxx́ • *Im Hexameter steigt des Springquells flüssige Säule, im Pentameter drauf, fällt sie melodisch herab. (Friedrich Schiller, Das Distichon)* Das Distichon wurde vor allem in der Klassik von Schiller und Goethe (Römische Elegien) verwendet.

Auftakt und Kadenz

Unbetonte Silben vor der ersten Betonung eines Verses nennt man Auftakt. Demnach haben **alle jambischen Verse einen Auftakt**, alle trochäischen Verse kommen ohne Auftakt aus.

Das Ende einer Verszeile wird als Kadenz bezeichnet. Sie ist für den Klang eines Gedichts mitverantwortlich, denn je nach Kadenz senkt sich am Ende des Verses die Stimme oder sie hebt sich.

Endet der Vers mit einer unbetonten Silbe, spricht man von einer **weiblichen oder klingenden Kadenz**; endet der Vers mit einer betonten Silbe, spricht man von einer **männlichen oder stumpfen Kadenz**.

Ist die drittletzte Silbe betont, spricht man von der **dreisilbig klingenden Kadenz** (Beispiel: Sterblichen, Schema: x́ x x)

Jambische Verse enden in der Regel männlich, trochäische weiblich.

Auftakt und Kadenz gliedern den Text und sorgen für einen bestimmten Sprechrhythmus. Damit wird eine jeweils eigene Stimmung ausgedrückt.

Joseph von Eichendorff: Mondnacht

	Versmaß	Reimschema	Kadenz
Es war, als hätt' der Himmel	xx́xx́xx́x	a	w
Die Erde still geküßt,	xx́xx́xx́	b	m
Daß sie im Blütenschimmer	xx́xx́xx́x	a	w
Von ihm nun träumen müßt.	xx́xx́xx́	b	m

Das Gedicht „Mondnacht" von J. v. Eichendorff folgt dem jambischen Versmaß, die erste Silbe jedes Verses ist also unbetont: Es liegt ein Auftakt vor. Das Versende ist abwechselnd unbetont – betont – unbetont – betont, die Kadenz ist demnach abwechselnd: die a-Reime enden weiblich, die b-Reime männlich.

Zeilenstil und Enjambement

Ein im Zeilenstil gehaltenes Gedicht wirkt klar, vielleicht abgehackt. Enjambements tragen dazu bei, dass sich das Gedicht flüssig liest.

Wenn das Satzende mit dem Ende des Verses zusammenfällt, spricht man von Zeilenstil. Reicht der Satz über das Versende hinaus, „springt“ er sozusagen in die nächste, vielleicht auch übernächste Verszeile, liegt ein Zeilensprung, ein Enjambement, vor. Enjambements lassen Gedichte **geschmeidiger, weniger abgehackt** klingen. Sie sind ein ganz entscheidendes Mittel, den Rhythmus eines Gedichts zu beeinflussen. Außerdem kann ein Enjambement durch die Betonung von Worten **Sinnzusammenhänge** verdeutlichen, wie das folgende Beispiel aus Bertolt Brechts Gedicht zeigt:

Bertolt Brecht: Über die Bezeichnung Emigranten (1937):

Immer fand ich den Namen falsch, den man uns gab: Emigranten.
Das heißt doch Auswanderer. Aber wir
Wanderten doch nicht aus, nach freiem Entschluß
Wählend ein andres Land. Wanderten wir doch auch nicht
Ein in ein Land, dort zu bleiben, womöglich für immer. [...]

Der Rhythmus

Aus den genannten Einzelelementen – Versmaß, Auftakt, Kadenz, Zeilenstil oder Enjambement – ergibt sich ein Rhythmus, der aber nur beschrieben, nicht mit einem Fachbegriff benannt werden kann.

Ist vom Rhythmus eines Gedichts die Rede, so meint man damit den Klang des gesamten Gedichts, seine **Sprachmelodie**, die nicht wie das Metrum, der Reim und rhetorische Figuren objektiv beschreibbar ist. Der Rhythmus entzieht sich einer exakten wissenschaftlichen Beschreibung, er ergibt sich beim Lesen und ist von verschiedenen Faktoren abhängig.

Der **Rhythmus** wird beeinflusst durch
- das Versmaß,
- die Satzgestaltung,
- das Zusammenfallen von Satzgrenzen und Versgrenzen,
- die vom Dichter vorgesehene oder vom Leser vorgenommene Betonung,
- nötige oder sinnvolle Pausen,
- das Sprechtempo des Vortragenden und schließlich
- durch den Inhalt des Gedichts.

Allgemein gültige Begriffe und Kriterien zur Benennung des Rhythmus' existieren trotz vielfacher Bemühungen von Literaturwissenschaftlern nicht. Man behilft sich deshalb inzwischen mit **beschreibenden Adjektiven** wie
- regelmäßig – unregelmäßig
- fließend – stockend
- drängend – gestaut.

Strophe und Strophenform

Strophen sind regelmäßige **Abschnittsgliederungen** von Versen oder Verspaaren gleichen Metrums. Dabei können die Strophenenden mit den Sinneinheiten eines Gedichts zusammenfallen, müssen aber nicht. Eine Strophengliederung ist sowohl in traditionellen wie in modernen Gedichten anzutreffen.

Strophen gliedern Gedichte. In modernen Gedichten findet man an ihrer Stelle oft Versgruppen.

Im 20. Jahrhundert hat die strophische Gliederung eines Gedichts jedoch an Bedeutung verloren. Moderne Gedichte sind oft nur in **ungleichmäßige Abschnitte** oder **Versgruppen** eingeteilt. Für ihre Zusammenstellung gibt es aber keine formalen Regeln oder Zwänge; oft geben sie die inhaltliche Gliederung eines Gedichts wieder, teilweise stehen sie dieser aber gerade entgegen und unterstreichen damit unter Umständen auch die Aussage eines Gedichts.

Häufige Strophenformen:

Man unterscheidet verschiedene Strophenformen, je nach Anzahl der Verse.

2-zeilige Strophen:

- **Verspaarkette:**
  Eine der ältesten und einfachsten Strophenformen.
  Jeweils zwei aufeinander folgende Verse reimen sich, Schema: aabb:
  „Wer reitet so spät durch Nacht und Wind?
  Es ist der Vater mit seinem Kind;
  Er hat den Knaben wohl in dem Arm,
  Er fasst ihn sicher, er hält ihn warm“
  (Johann Wolfgang von Goethe, Erlkönig)

- **Distichon** (➢ S. 42, 48):
  Von griechisch dis: doppelt; stichos: Vers.
  Bestehend aus einem Hexameter (➢ S. 42) und einem Pentameter (➢ S. 42):
  „Im Hexameter steigt des Springquells flüssige Säule.
  Im Pentameter drauf fällt sie melodisch herab.“
  (Friedrich Schiller, Das Distichon)

3-zeilige Strophen:

Wird u. a. im Sonett (➢ S. 13, 67 f.) verwendet.

- **Terzett:**
  Strophe bestehend aus drei Versen, kein festes Reimschema:
  „Ein Ackerer geht groß am Himmelsrand,
  Davor, wie Riesen schwarz, der Stiere Paar,
  Ein Dämon vor des Himmels tiefer Glut“
  (Georg Heym, Printemps)

- **Terzine:**

  Von Dante (1256–1321) in der Divina Commedia entwickelte kunstvolle Strophenform.

  Bestehend aus einem fünffüßigen Jambus, Reimschema aba/bcb/cdc:

  „Wir sind aus solchem Zeug wie das zu Träumen,
  Und Träume schlagen so die Augen auf
  Wie kleine Kinder unter Kirschenbäumen"
  (Hugo von Hofmannsthal, Über Vergänglichkeit III)

4-zeilige Strophen:

- **Quartett:**

  Zusammen mit dem Terzett Grundbestandteil des Sonetts.

  Strophe bestehend aus vier Versen, kein festes Reimschema, u. a. im Sonett verwendet:

  „Der schnelle Tag ist hin. Die Nacht schwingt ihre Fahn
  Und führt die Sternen auf. Der Menschen müde Scharen
  Verlassen Feld und Werk. Wo Tier und Vogel waren,
  Traurt itzt die Einsamkeit. Wie ist die Zeit vertan!"
  (Andreas Gryphius, Abend)

- **Volksliedstrophe:**

  Als literarische Form seit dem Sturm und Drang und in der Romantik von Bedeutung.

  Einfach gebaut, gleichmäßig, meist vierzeilig (bis zu neun Zeilen), oft regelmäßiger Wechsel von betonten und unbetonten Silben, meist jambisch oder trochäisch, gereimt:

  „Dort hoch auf jenem Berge
  Da geht ein Mühlenrad,
  Das mahlet nichts denn Liebe
  Die Nacht bis an den Tag."

- **Chevy-Chase-Strophe (Balladenstrophe):**

Benannt nach einer im 16. Jahrhundert in England aufgezeichneten volkstümlichen Ballade (➛ S. 32, 33, 65), die eine Jagd (engl. chase) auf den Cheviotbergen schildert. In Deutschland wurde sie im 18. Jahrhundert populär. Sie ist die Strophenform kämpferischer, militärischer Gesänge.

Bestehend aus vier auftaktigen, abwechselnd vier- und dreihebigen, betont endenden Versen. Hebung und Senkung können alternieren, es besteht aber Füllungsfreiheit, d.h. auf eine Hebung können auch zwei Senkungen folgen:

„Im Feld vor einem grünen Wald
Rief Knecht und Reutersmann,
Laut rief von Lothringen Renald:
Wir wollen vorne dran."
(Arnim/Brentano, Des Knaben Wunderhorn)

Mehrzeilige Strophen:

- **Sestine:**

Italienische Strophenform von Georg Rudolf Weckherlin (1584–1653) in die deutsche Literatur eingeführt.

sechszeilige Strophe, ohne festes Reimschema, kein bestimmtes Metrum:

„Wenn durch die Lüfte wirbelnd treibt der Schnee,
Und lauten Fußtritts durch die Flur der Frost
Einhergeht auf der Spiegelbahn von Eis;
Dann ist es schön, geschirmt vorm Wintersturm,
Und unvertrieben von der holden Glut
Des eignen Herds, zu sitzen still daheim."
(Friedrich Rückert, Sestine)

- **Stanze:**

Herrschende Strophenform der klassischen italienischen Epik (Ariost, Tasso), in Deutschland seit dem 18. Jahrhundert verbreitet.

achtzeilige Strophe, fünffüßiger Jambus, Reimschema abababcc:

„Ihr naht euch wieder, schwankende Gestalten,
Die früh sich einst dem trüben Blick gezeigt.
Versuch ich wohl, euch diesmal festzuhalten?
Fühl ich mein Herz noch jenem Wahn geneigt?
Ihr drängt euch zu! nun gut, so mögt ihr walten,
Wie ihr aus Dunst und Nebel um mich steigt;
Mein Busen fühlt sich jugendlich erschüttert
Vom Zauberhauch, der euren Zug umwittert."
(Johann Wolfgang von Goethe, Zueignung. Faust. Der Tragödie erster Teil)

- **Freie Rhythmen:**
  Seit Klopstock (1724–1803) fester Bestandteil der deutschen Lyrik, besonders im 18. und 20. Jahrhundert verbreitet.
  metrisch ungebundene, reimlose Verse ohne feste Strophengliederung, mit Wortwiederholungen, parallelen Satzkonstruktionen und kunstvoll gespannten semantischen Bögen, erkennbar am Druckbild und an der hohen sprachlichen Verdichtung:

  „Ihr wandelt droben im Licht,
  Auf weichem Boden, selige Genien!
  Glänzende Götterlüfte
  Rühren euch leicht,
  Wie die Finger der Künstlerin
  Heilige Saiten. …"
  (Friedrich Hölderlin, Hyperions Schicksalslied)

Strophen			
antike	**deutsche**	**romanische**	**angelsächsische**
Distichon (➛ S. 42, 45)	Freie Rhythmen Verspaarkette Volksliedstrophe	Quartett Terzett Terzine Stanze	Chevy-Chase-Strophe

Die Sprache im Gedicht

Gedichte wirken durch die verwendete Sprache.

Gedichte bestehen oft nur aus wenigen Worten, trotzdem ist alles Wesentliche gesagt. Mehr noch als in anderen Textgattungen und mehr noch als auf formale Gestaltungsmittel kommt es in Gedichten auf den Gebrauch der Sprache an. Deshalb ist die Klärung folgender Fragen unerlässlich:

- Welche **Sprachebene** wählt ein Autor, welche **Wortarten**, welche **Wortfelder** sind auffällig?
- Zeigt der **Satzbau** Auffälligkeiten?
- Welche **sprachlichen Bilder** wählt der Autor?
- Welchen **Klang** erzeugt er mit der Sprache?
- Welche **Reime** unterstützen die Wirkung eines Gedichts?

Sprachebene und Wortwahl

Gedichte sind meist in Hochsprache verfasst; es gibt aber auch Mundartgedichte und Gedichte, in denen Fachbegriffe oder umgangssprachliche Wendungen vorkommen. In diesen Fällen sollten diese auf ihre Wirkung befragt werden. Da Gedichte **besonders komprimierte Äußerungen** sind, kann man davon ausgehen, dass kein Wort zufällig verwendet wird. Es ist deshalb besonders wichtig, auf Auffälligkeiten bei der Wortwahl zu achten. Folgende Besonderheiten sind denkbar:

Auf die Besonderheiten der verwendeten Wörter (z. B. Umgangssprache) bzw. eine auffällige Häufung von bestimmten Wortarten muss deshalb besonders geachtet werden.

Verwendung von Wörtern, die nicht zum allgemeinen schriftsprachlichen Wortschatz gehören	
Umgangssprachliche Wendungen	„Die Silberpappel, eine ortsbekannte Schönheit / Heut eine alte Vettel…" *(Bertolt Brecht, Böser Morgen)*
Begriffe aus Fachsprachen	„Verfall, Verflammen, Verfehlen – / in toxischen Sphären, kalt, / noch einige stygische Seelen, / einsame, hoch und alt." *(Gottfried Benn, Quartär)*
Dialektwörter	„Jänner, Feber, März, April…" *(Gerhard Rühm, Jänner)*
Archaismen (veraltete Begriffe)	„Und als er die güldenen Sporen ihm gab" *(Ludwig Uhland, Die Rache)*
Auffällig gehobene Ausdrücke	„Ob Rosen, ob Schnee, ob Meere, / was alles erblühte, verblich" *(Gottfried Benn, Nur zwei Dinge)*
Neologismen (Wortneuschöpfungen) (➛ S. 186)	„Knabenmorgen-Blütenträume" *(Johann Wolfgang von Goethe, Prometheus)*
Diminutivformen (Verkleinerungsformen)	„Du sollst ein Nönnchen werden, / Ein Nönnchen schwarz und weiß." *(Clemens Brentano, Lorelay)*

Verwendung bestimmter Wortarten	
Auffällige Häufung von bestimmten Wortarten	z. B. Verben, Adjektive, Substantive, Artikel, Personalpronomina
Gebrauch von Interjektionen	„Ach, ich merk es! Wehe! wehe!/Hab ich doch das Wort vergessen!/ Ach, das Wort, worauf am Ende/Er das wird, was er gewesen." *(Johann Wolfgang von Goethe, Der Zauberlehrling)*

Satzbau

Der Satzbau ist in Gedichten oft bewusst anders gestaltet als in Prosatexten und regt zum genauen Lesen an.

Der Satzbau in Gedichten unterscheidet sich oft von dem, was man aus dramatischen oder epischen Texten kennt. Das kann das unmittelbare Verständnis erschweren, eröffnet aber auch manche Einsichten in andere Lesarten und **Bedeutungsebenen**.

Ein Beispiel des Dichters **Arno Holz** aus dem Jahr 1889 kann dies verdeutlichen. Er formte den Prosasatz „Der Mond steigt hinter blühenden Apfelbaumzweigen auf“ in einen lyrischen Satz, den Anfang eines Gedichts um:

„Hinter blühenden Apfelbaumzweigen
steigt der Mond auf.“

Neben dem veränderten Schriftbild weist auch die Umstellung der Satzglieder (Inversion) den Satz nun als Teil eines Gedichts aus.

Häufig gebrauchte **syntaktische Besonderheiten** sind:

Inversion: veränderte Wortfolge

- Die **Inversion**, die veränderte Wortfolge, die den Blick auf das Wesentliche richtet. Üblicherweise wird im deutschen Aussagesatz das Satzbauschema

  Subjekt – finite Verbform – Objekt(e)/Adverbialen

  verwendet. Bei der Inversion wird, wie das Beispiel von Arno Holz zeigt, das Satzglied vorgezogen, auf dem die Hauptbedeutung liegt.

Anakoluth: Satzbruch

- Der **Anakoluth**, der in Gedichten oft nicht auffällt, da Abweichungen von der Alltagssprache häufig vorkommen. Im folgenden Beispiel entsteht durch den Satzbruch ein eigenständiger Fragesatz: „Ich weiß nicht, was soll es bedeuten/dass ich so traurig bin“ *(Heinrich Heine)* statt grammatikalisch richtig: „Ich weiß nicht, was es bedeuten soll, dass ich so traurig bin.“

Ellipse: Auslassung eines Satzgliedes

- Die **Ellipse**, die Auslassung eines Satzglieds, das für dessen Vollständigkeit notwendig ist. Ein vollständiger Aussagesatz besteht aus Subjekt und Prädikat; fehlt eines dieser Satzglieder, liegt eine Ellipse vor. Beispiel: Statt „Rauchen ist verboten“ heißt es „Rauchen verboten“ – das Prädikat fehlt.

Prolepse: Satzunterbrechung

- Die **Prolepse** (Satzunterbrechung), die Wiederaufnahme des Satzes nach dem Nomen mit dem Pronomen. Beispiel: „Ein Märchen aus alten Zeiten, das kommt mir nicht aus dem Sinn“ *(Heinrich Heine)* an Stelle von: „Ein Märchen aus alten Zeiten kommt mir nicht aus dem Sinn.“

Parallelismus: gleiche Reihenfolge

- Der **Parallelismus** (gleiche Reihenfolge der Satzglieder in aufeinander folgenden Sätzen), z. B. „Heiß ist die Liebe, kalt ist der Schnee“.

Chiasmus: Überkreuzstellung der Satzglieder

- Der **Chiasmus** (Überkreuzstellung der Satzglieder in zwei aufeinander folgenden Sätzen), z. B. „Die Mühen der Gebirge liegen hinter uns, Vor uns liegen die Mühen der Ebenen.“ *(Bertolt Brecht)*.

Sprachbilder

Häufiger als in anderen Literaturgattungen drücken sich die Autoren im Gedicht bildhaft aus. Manche Sprachbilder (➛ S. 13, 189) sind leicht zu erkennen und zu deuten, bei anderen muss man genauer hinsehen, um sie zu bemerken und zu entschlüsseln. In jedem Fall ist es aber so, dass Bilder nicht eindeutig sind, dass sie dem Leser die Möglichkeit zu eigenen Assoziationen eröffnen.

Sprachliche Bilder sind nicht eindeutig und regen zu eigenen Assoziationen an.

- Die einfachste Form bildhaften Sprechens ist der **Vergleich**. Mit Hilfe von Vergleichswörtern werden unterschiedliche Sinnbereiche zusammengebracht, z. B.: „Ein Mann wie ein Baum". Man hat es hier mit zwei getrennten Bedeutungszusammenhängen zu tun, die durch das Vergleichswort „wie" miteinander verknüpft werden. Dies ruft beim Leser Assoziationen wie „stark", „mächtig", „verwurzelt", „nicht leicht umzuhauen" usw. hervor. Diese Assoziationen sind viel umfassender, als es eine Beschreibung des Mannes durch den Autor an dieser Stelle sein könnte. Da Dichter gezwungen sind, sich in Gedichten äußerst knapp auszudrücken, verwenden sie oft Bilder.

Vergleich: Unterschiedliche Sinnbereiche werden zusammengebracht.

- Die **Metapher** ist ein verkürzter Vergleich. Sie verbindet zwei unterschiedliche Sinnbereiche, die aber im entscheidenden Punkt vergleichbar sind, ohne Vergleichswort; z. B. „Das Licht der Wahrheit". Dabei ist gemeint, dass die Wahrheit so hell leuchtet wie ein Licht.

Metapher: Verkürzter Vergleich verbindet zwei Sinnbereiche.

- Schwierig und nur im Kontext des jeweiligen Gedichtes zu entschlüsseln ist die **Chiffre** (absolute Metapher), bei der die Autoren einfache, meist bildhafte Wörter unabhängig von ihrer eigentlichen Bedeutung in einem neuen Sinnzusammenhang verwenden, der bei der Deutung berücksichtigt werden muss. Die Chiffre ist besonders in der modernen Literatur zu finden.

Chiffre: Absolute, nur im Kontext entschlüsselbare Metapher.

- Von **Allegorie** spricht man, wenn ein abstrakter Begriff bildlich dargestellt wird. Dazu wird häufig die Personifikation verwendet. Die Figur der Justitia steht für die Gerechtigkeit; sie wird meist als Frau mit verbundenen Augen (Rechtsprechung ohne Ansehen der Person), Waage (Abwägen des Urteils) und Schwert (richterliche Gewalt) dargestellt.

Allegorie: Abstrakter Begriff wird bildlich dargestellt.

- Das **Symbol** ist ein sichtbares Zeichen, das als Sinnbild für einen abstrakten Sachverhalt verwendet wird. So gilt das Kreuz als Symbol für das Christentum. Es ist verbunden mit Leiden, Tod, aber auch christlicher Hoffnung.

Symbol: Sichtbares Zeichen steht für einen abstrakten Sachverhalt.

Klang

Der Klang wird besonders durch die betonten Vokale bestimmt.

Der Klang ist ein wichtiges Stilmittel des Gedichts. Er kann die Aussage unterstreichen oder im Widerspruch zu ihr stehen. Bei der Untersuchung des Klangs sollte man sich zuerst von seinen subjektiven Empfindungen leiten lassen. Klingt ein Gedicht dumpf, dunkel und hart, entsteht meist eine gedämpfte Stimmung bzw. ein unangenehmer Eindruck. Klingt es hell, freundlich, weich und melodisch, entsteht ein angenehmer Eindruck.

Die Klanggestalt eines Gedichts ist besonders durch die **betonten Vokale** bestimmt. Helle Vokale (e – i – ei – ü) vermitteln eine fröhliche, dunkle Vokale (a – o – ö – u – au) eine gedämpfte Stimmung.

Klangfiguren helfen, das Gedicht zu deuten:

Alliteration: gleicher Anlaut der betonten Silben

- **Alliteration** (Stabreim) (gleicher Anlaut der betonten Silben bei mehreren Wörtern)
  Beispiel: *„Euch brütet der Mutter Sonne / Scheideblick, euch umsäuselt / Des holden Himmels / Fruchtende Fülle“*
  (Johann Wolfgang von Goethe, Im Herbst).
  Wirkung: Steigerung der Eindringlichkeit

Anapher: Wiederholung des Anfangswortes

- **Anapher** (Ein Wort oder eine Wortgruppe werden am Anfang aufeinander folgender Verse, Strophen oder Sätze wiederholt.)
  Beispiel: *„Auch ich war in Arkadien geboren, / Auch mir hat die Natur / An meiner Wiege Freude zugeschworen“ (Friedrich Schiller, Resignation).*
  Wirkung: Verdeutlichung der Zusammengehörigkeit

Assonanz: Gleichklang der Vokale am Versende

- **Assonanz** (Kombination von Wörtern mit gleichen Vokalen bei verschiedenen Konsonanten)
  Beispiel: Kuchen – gerufen
  Wirkung: Gleichklang, Harmonie

Lautmalerei: Onomatopoesie

- **Lautmalerei** (Klangmalerei, Onomatopoesie) (Versuch, mit akustischen Reizen Wirkung zu erzielen)
  Beispiel. *„Und außen, horch! ging's trapp trapp trapp“*
  (Gottfried August Bürger, Lenore).
  Wirkung: Nachahmung natürlicher Laute, soll die Echtheit unterstreichen.

Reim

Auch die Reime zählen zu den **Klangelementen** der Lyrik. Wenn sich die Verse eines Gedichts reimen, klingt es. Reime können an verschiedenen Stellen auftreten: am Anfang eines Verses, im Vers und am Ende eines Verses. Es gibt verschiedene Reimarten:

Traditionelle Gedichte sind durch Reime gekennzeichnet. Im 20. Jahrhundert wird der Endreim seltener.

Anfangsreim:

Im folgenden Beispiel wird der Anfangsreim („Krieg – Sieg") noch durch das Ausrufezeichen verstärkt.

„Krieg! ist das Losungswort.
Sieg! und so klingt es fort."
(Johann Wolfgang von Goethe, Faust. Der Tragödie zweiter Teil)

Binnenreim:

Ein Reim innerhalb eines Verses.

„Wiegt und biegt sich in des Windes Hauch"
(Conrad Ferdinand Meyer, Im Spätboot)

Endreime:

Von einem Endreim spricht man, wenn zwei oder mehr Wörter vom letzten betonten Vokal an gleich klingen. Folgende Unterscheidungen sind üblich:

- **Reiner Reim:**

  Gleichklang von Wörtern ab dem letzten, betonten Vokal.

  Komm, Sintflut der Seele, Schmerz, endloser Strahl a
  Zertrümmre die Pfähle, den Damm und das Tal a
  (Franz Werfel, Revolutions-Aufruf)

- **Unreiner Reim:**

  Unreiner Gleichklang von Wörtern ab dem letzten, betonten Vokal.

  Es dringen Blüten a
  Aus jedem Zweig b
  Und tausend Stimmen a
  Aus dem Gesträuch. b
  (Johann Wolfgang von Goethe, Mailied)

- **Reicher Reim:**

  Reimbildung von zwei Silben mit gleichlautendem Vokal.
  Wahrheit – Klarheit

- **Rührender Reim:**
  Gleichklang von identisch klingenden Wörtern mit verschiedener Bedeutung; wirkt manchmal komisch.

  „Der Domherr öffnet den Mund weit:
  Die Liebe sey nicht zu roh,
  Sie schadet sonst der Gesundheit."
  (Heinrich Heine, Sie saßen und tranken am Theetisch)

- **Assonanz:**
  Die Vokale klingen gleich, die Konsonanten sind verschieden.
  wunderbar – Unterpfand

- **Epipher:**
  Wiederholung des Wortes am Versende.

  „Doch alle Lust will Ewigkeit,
  will tiefe, tiefe Ewigkeit!"
  (Friedrich Nietzsche, Das trunkene Lied)

- **Kehrreim, Refrain:**
  Die letzte(n) Zeile(n) der ersten Strophe werden in den übrigen Strophen wiederholt.

  O, gieb, vom weichen Pfühle,
  Träumend, ein halb Gehör.
  Bey meinem Saitenspiele,
  Schlafe! was willst du mehr?

  Bey meinem Saitenspiele
  Segnet der Sterne Heer
  Die ewigen Gefühle;
  Schlafe! was willst du mehr?
  (Johann Wolfgang von Goethe, Nachtgesang)

Bei den Endreimen unterscheidet man folgende **Reimfolgen**:

Paarreim: aabb

- **Paarreim:**
  Zwei aufeinander folgende Verse reimen miteinander. Reimschema: aabb.

  Wenn ich abends einsam gehe a
  Und die Blätter fallen sehe, a
  Finsternisse niederwallen, b
  Ferne, fromme Glocken hallen: b
  (Friedrich Hebbel, Spaziergang am Herbstabend)

- **Kreuzreim:**

Kreuzreim: abab

Jede zweite Verszeile reimt miteinander. Reimschema: abab.

Ich zog dich aus der Senke deiner Jahre	a
und tauchte dich in meinen Sommer ein	b
ich leckte dir die Hand und Haut und Haare	a
und schwor dir ewig mein und dein zu sein.	b

(Ulla Hahn, Mit Haut und Haar)

- **Umarmender (umgreifender, umschließender) Reim:**

Umarmender Reim: abba

Die erste und vierte, sowie die zweite und dritte Verszeile reimen miteinander. Reimschema: abba.

Dämmrung will die Flügel spreiten,	a
Schaurig rühren sich die Bäume,	b
Wolken ziehn wie schwere Träume –	b
Was will dieses Graun bedeuten?	a

(Joseph von Eichendorff, Zwielicht)

- **Verschränkter Reim:**

Verschränkter Reim: abc abc

Die Reime greifen ineinander. Reimschema: abc abc.

Aus den Knospen, die euch deckten,	a
Süße Rosen, mein Entzücken,	b
Lockte euch der heiße Süd;	c
Doch die Gluten, die euch weckten,	a
Drohen jetzt euch zu ersticken,	b
Ach, ihr seid schon halb verglüht!	c

(Friedrich Hebbel, Die Rosen im Süden)

- **Schweifreim:**

Schweifreim: aabccb

Eignet sich besonders, um sechsversige Strophen zu bilden oder um die Terzette eines barocken Sonetts miteinander zu verbinden. Reimschema: aabccb.

Gleich wie ein eitel Traum leicht aus der Acht hinfällt /	a
Und wie ein Strom verscheust / den keine Macht auffhält:	a
So muß auch unser Nahm / Lob / Ehr und Ruhm verschwinden /	b
Was itzund Athem holt / muß mit der Lufft entflihn /	c
Was nach uns kommen wird / wird uns ins Grab nachzihn.	c
Was sag ich? wir vergehn wie Rauch von starcken Winden.	b

(Andreas Gryphius, Menschliches Elende)

Die Waise hebt den Vers besonders hervor, macht ihn gleichsam einzigartig. Damit wird in besonderem Maß auf die Aussage dieses Verses hingewiesen.

- **Waise:**

Ein Vers, der mit keinem anderen reimt und dadurch besonders hervorgehoben ist.

Frühling läßt sein blaues Band a
Wieder flattern durch die Lüfte; b
Süße, wohlbekannte Düfte b
Streifen ahnungsvoll das Land. a
Veilchen träumen schon, c
Wollen balde kommen. d
Horch, von fern ein leiser Harfenton! c
Frühling, ja du bist's! x
Dich hab ich vernommen! d
(Eduard Mörike, Er ist's)

Traditionelle und moderne Lyrik (→ S. 28)

Gedichte des 16. bis 19. Jahrhunderts

Die Unterschiede zwischen traditioneller und moderner Lyrik sind gravierend.

Zur traditionellen Lyrik zählt man die Gedichte des 16. bis 19. Jahrhunderts. In der Renaissance und besonders im Barock bildeten sich die Strukturen heraus, die die Lyrik für die folgenden Jahrhunderte prägten. Im 18. Jahrhundert, im Sturm und Drang, in der Klassik und in der Romantik finden wir eine Blütezeit der **traditionellen Lyrik**, da sich durch die Entwicklung der künstlerischen Prosasprache in literarischen Großformen die Lyrik als eigene literarische Gattung etablieren kann.

Merkmale traditioneller Lyrik:
Sprachkunst, die mit Bildern arbeitet und Gefühle ausdrückt
Sangbarkeit des Textes
Einsatz von

- Metrum (regelmäßige Abfolge von betonten und unbetonten Silben)
- Reim (regelmäßige Wiederkehr von Klängen)
- Stilmitteln (Metaphern, Alliteration, Enjambement usw.)
- bildhafter Sprache (Metaphern, Gleichnisse, Symbole)
- gehobener Sprache (nicht Umgangssprache).

Gedichte des 20. und 21. Jahrhunderts

Die moderne Lyrik ist – wie die moderne Literatur überhaupt – geprägt vom Verlust eines einheitlichen Weltbildes: Die Autoren fühlen sich nicht mehr im Besitz der letzten Wahrheiten, die Erfahrung der Realität wird als zu komplex und kaum noch durchschaubar verstanden; sie können keine Lösungen anbieten, allenfalls Probleme aufzeigen. Damit dienen auch Gedichte eher der Sinnsuche als der Feststellung von letzten Wahrheiten – frei nach dem Motto „Alles kann, nichts muss".

Die moderne Lyrik ist von dem Verlust eines einheitlichen Weltbildes gekennzeichnet.

Hinzu kommt, dass man konventionelle lyrische Formen und lyrische Sprachbilder als verbraucht erkennt und sie nicht mehr verwenden will. Zudem muss bedacht werden, dass es „den Epochenstil" nicht gibt, vielmehr existiert eine Vielzahl von Stilen nebeneinander. Trotz aller dieser Einschränkungen kann man auflisten, was das typische „moderne Gedicht" prägt.

Merkmale der modernen Lyrik:
- Subjektivität der Aussage
- sprachliche Originalität der Aussageweise (sinnbezogene Zeilenbrüche)
- verdichtete Sprache (Metaphern, Chiffren, Sinnaufladung von Wörtern)
- neue Bildersprache (Zusammenstellung verschiedener Bildbereiche)
- freier Umgang mit den Regeln der Grammatik (Wortgruppen anstelle von Sätzen, Verzicht auf Satzzeichen)
- Betonung der Klangqualität der Sprache (z. B. Assonanz, Alliteration, Anaphern)
- Betonung syntaktischer Strukturmerkmale (z. B. Parallelismus, Chiasmus)
- Verzicht auf ein durchgängiges Metrum zugunsten des Rhythmus'
- Verzicht auf Reim und Strophe
- freier Umgang mit dem Wortschatz (Sprache der Lyrik als Gegensprache zur Alltagssprache, eigene Wortbildungen, Herausarbeitung von sprachlichen Kontrasten, Schaffung von Mehrdeutigkeiten)
- Verweigerung des schnellen Verstehens (‚Hermetische Lyrik' → S. 68).

Traditionelles und modernes Liebesgedicht im Vergleich

Der Vergleich von **zwei motivgleichen Gedichten** kann die Unterschiede zwischen traditioneller und moderner Lyrik verdeutlichen:

Johann Wolfgang von Goethe
An die Erwählte (90er Jahre)

Hand in Hand! und Lipp auf Lippe!
Liebes Mädchen, bleibe treu!
Lebe wohl! und manche Klippe
Fährt dein Liebster noch vorbei;
Aber wenn er einst den Hafen,
Nach dem Sturme, wieder grüßt,
Mögen ihn die Götter strafen,
Wenn er ohne dich genießt.

Frisch gewagt ist schon gewonnen,
Halb ist schon mein Werk vollbracht!
Sterne leuchten mir wie Sonnen,
Nur dem Feigen ist es Nacht.
Wär' ich müßig dir zur Seite,
Drückte noch der Kummer mich;
Doch in aller dieser Weite
Wirk' ich rasch und nur für dich.

Schon ist mir das Tal gefunden,
Wo wir einst zusammen gehn
Und den Strom in Abendstunden
Sanft hinunter gleiten sehn.
Diese Pappeln auf den Wiesen,
Diese Buchen in dem Hain!
Ach, und hinter allen diesen
Wird doch auch ein Hüttchen sein.

Ulla Hahn
Spielregeln

Komm wir proben die Posse noch einmal
wir kennen die Rollen zum Glück
gibt es nicht mehr zu sagen
wir spielen das alte Stück

Immer wieder dieselben Schritte
bis hierher und weiter nicht
immer wieder dieselben Blicke
aus einem andern Gesicht

Immer wieder dasselbe Stöhnen
aus einem andern Mund
jedesmal dasselbe Versinken
in immer anderem Grund

Immer wieder dieselben Blumen
am Anfang diesmal für mich
und im Schlußakt frische Tränen
wie immer: diesmal um dich.

Untersucht man das Gedicht Goethes, kommt man zu folgenden Ergebnissen:

	An die Erwählte (90er Jahre)			
Strophe 1:	x́ x x́ x x́ x x́ x	Kadenz	Reim	
Ein verdeckter Spre-	Hand in Hand! und Lipp auf Lippe!	w	a	Parallelismus
cher ermahnt das	x́ x x́ x x́ x x́			Zeilenstil
Mädchen zur Treue,	Liebes Mädchen, bleibe treu!	m	b	Anrede
während ihr Gelieb-	x́ x x́ x x́ x x́ x			Aufforderung
ter noch eine Aufgabe	Lebe wohl! und manche Klippe	w	a	Enjambement
zu erledigen hat.	x́ x x́ x x́ x x́			
	Fährt dein Liebster noch vorbei;	m	b	
	x́ x x́ x x́ x x́ x			
	Aber wenn er einst den Hafen,	w	c	Inversion
	x́ x x́ x x́ x x́			
	Nach dem Sturme, wieder grüßt,	m	d	
	x́ x x́ x x́ x x́ x			
	Mögen ihn die Götter strafen,	w	c	Wunsch
	x́ x x́ x x́ x x́			
	Wenn er ohne dich genießt.	m	d	
Strophe 2:	Frisch gewagt ist schon gewonnen,	w	e	Sentenz
Das lyrische Ich	Halb ist schon mein Werk			Ausruf
spricht aus der	vollbracht!	m	f	
Position des Mannes	Sterne leuchten mir wie Sonnen,	w	e	Vergleich, Hyperbel
das Mädchen an	Nur dem Feigen ist es Nacht.	m	f	
und begründet sein	Wär' ich müßig dir zur Seite,	w	g	Apokope
Handeln.	Drückte noch der Kummer mich;	m	h	
	Doch in aller dieser Weite	w	g	
	Wirk' ich rasch und nur für dich.	m	h	Apokope
Strophe 3:	Schon ist mir das Tal gefunden.	w	i	
Das lyrische Ich ent-	Wo wir einst zusammen gehn	m	j	
wirft eine Zukunfts-	Und den Strom in Abendstunden	w	i	Inversion
vorstellung für ein	Sanft hinunter gleiten sehn.	m	j	
Leben zusammen mit	Diese Pappeln auf den Wiesen,	w	k	Anapher
seiner Geliebten.	Diese Buchen in dem Hain!	m	l	
	Ach, und hinter allen diesen	w	k	Ausruf
	Wird doch auch ein Hüttchen sein.	m	l	Diminutivform

Zu Inhalt und Aufbau:

- Das Gedicht ist in **drei Strophen** zu **je acht Versen** gegliedert. Die **Kadenzen** sind alternierend weiblich und männlich, beim **Endreim** handelt es sich um einen Kreuzreim. Dieser **regelmäßige Aufbau** ist typisch für traditionelle Gedichte, insbesondere aus der Zeit der Weimarer Klassik.
- Das Gedicht zeigt jedoch einen **Wechsel des Sprechers**. In der **ersten Strophe** ermahnt ein **verdeckter Sprecher** das Mädchen zur Treue, während ihr Geliebter nicht bei ihr ist. Doch auch den Mann fordert er auf, zu seiner Geliebten zurückzukehren und mit ihr zu „genießen". Die **zweite Strophe** ist aus der Perspektive eines **lyrischen Ich** – des Mannes – verfasst, der der Geliebten gegenüber seine Abwesenheit rechtfertigt und ihr versichert, für sie „zu wirken". In der **dritten Strophe** äußert sich ebenfalls das **lyrische Ich**, das eine Zukunftsvision entwirft: eine Landschaft geprägt von Pappeln am Fluss und einem Buchenwäldchen, in dem ein Haus (und wenn es auch noch so klein ist) steht, in dem die beiden Liebenden ihre Zukunft verleben werden.

Zur sprachlich-stilistischen Gestaltung:

- Der **vierhebige Trochäus** verstärkt die wehmütige Stimmung.
- Das **regelmäßige Kreuzreimschema** bindet die Verse wechselweise eng aneinander, die **Kadenzen** unterstützen diesen regelmäßigen Wechsel.
- **Ausrufe** (V. 1/2/3/10/22): in der Funktion eines Imperativ, Aufforderung, die Zukunft im Sinne der Liebenden zu gestalten,
- **Anaphern** („Diese", V. 21/22): betonen die Schönheit der Natur, in der das Paar künftig leben wird, und damit deren glückliche Zukunft,
- **Parallelismus** (V. 1): betont die Aufforderung des verdeckten Sprechers an das Mädchen, dem Geliebten treu zu bleiben,
- **Zeilenstil und Enjambement** wechseln ab, dabei gehen die Sätze meist nur über ein oder zwei Verse. Dies unterstreicht die Regelmäßigkeit des Gedichts und seine Aussage, dass die Liebenden sich so maßvoll verhalten werden, wie vom verdeckten Sprecher gefordert, und ihrem Glück damit nichts im Weg stehen wird.

Die Untersuchung des Gedichts von Ulla Hahn bringt folgende Ergebnisse:

Inhalt	Text	Sprache	
Hinweis zum Verständnis des Gedichts	Spielregeln	Theatervokabular	
Das lyrische Ich beschreibt, wie es zusammen mit seinem Partner beschließt, eine Beziehung einzugehen.	Komm wir proben die Posse noch einmal	Personalpronomen	Zeilenstil
	wir kennen die Rollen zum Glück	Vokabular aus dem Bereich Liebe	Enjambement
	gibt es nicht mehr zu sagen		
	wir spielen das alte Stück		Zeilenstil
Alltag in der Beziehung	Immer wieder dieselben Schritte bis hierher und weiter nicht immer wieder dieselben Blicke aus einem andern Gesicht	Anapher Inversion	paralleler Satz- und Strophenbau
Alltag in der Beziehung	Immer wieder dasselbe Stöhnen aus einem andern Mund jedesmal dasselbe Versinken in immer anderem Grund	Anapher	paralleler Satz- und Strophenbau
Das Ende der Beziehung	Immer wieder dieselben Blumen am Anfang diesmal für mich und im Schlußakt frische Tränen wie immer: diesmal um dich.	Anapher	paralleler Satz- und Strophenbau

Zu Inhalt und Aufbau:

- Das lyrische Ich beschreibt eine **Beziehung zu seinem Partner**, deren Verlauf als bekannt, weil schon mehrfach erlebt, in Bruchstücken dargestellt wird.
- Das Gedicht ist in **vier Strophen zu** je vier Versen gegliedert, wobei die einzelnen Strophen die verschiedenen Entwicklungsstufen der Beziehung thematisieren: Strophe 1 zeigt den Beginn der Beziehung, die Strophen 2 und 3 beleuchten schlaglichtartig den Alltag, Strophe 4 zeigt das Ende der Beziehung.
- Das **Versmaß** ist uneinheitlich, es reimen sich immer der zweite und der vierte Vers einer Strophe, die **Kadenzen** sind dabei männlich. Die Kadenzen des jeweils ersten und dritten Verses sind weiblich.

„… ein Gedicht ist ein Klangkörper, es besteht aus Worten, nicht aus Schriften. Erst wenn man ein Gedicht in den Mund nimmt wie ein Stück Torte, erst dann leibt man es sich ein, erst dann schmeckt man die einzelnen Buchstaben."

Ulla Hahn in einem Interview am 18.2.2006

Zur sprachlich-stilistischen Gestaltung:

- Die Beziehung zwischen den beiden Partnern wird vom lyrischen Ich mit Begriffen aus der **Theatersprache** dargestellt: **„proben"**, **„Posse"**, **„Rollen"**, **„Stück" usw.** Dies lässt die Beziehung als unernst, als Spiel erscheinen, worauf die **Überschrift** und der Begriff „Posse" schon hinweisen. Es zeigt auch die Beliebigkeit der Partnerwahl, die nur für einen begrenzten Zeitabschnitt relevant ist.
- Der gleichförmige Ablauf von Beziehungen wird durch den **parallelen Bau** der Strophen 2 und 3 und der Sätze verdeutlicht. Auch die **Anaphern** „Immer wieder" unterstreichen diesen Sachverhalt.
- Die gehäufte Verwendung der **Personalpronomen** deutet darauf hin, dass es im Gedicht weniger um den Verlauf der Beziehung geht, der ja bekannt ist (vgl. Strophen 2 bis 4), sondern um das lyrische Ich und seinen Partner.
- Die **Überschrift** gibt einen Hinweis darauf, wie das Gedicht verstanden werden soll: Eine Liebesbeziehung läuft nach festen Regeln ab.

ULLA HAHN (geb. 1946)

- 1946 geboren in Brachthausen/Sauerland
- ab 1965: Studium der Germanistik, Geschichte, Soziologie; Promotion
- Lehrbeauftragte an den Universitäten Hamburg, Bremen, Oldenburg
- 1979–89 Literaturredakteurin bei Radio Bremen
- Poetik-Dozentin an der Universität Heidelberg
- 2006: Ehrung mit dem Elisabeth-Langgässer-Literaturpreis
- Ulla Hahn lebt in Hamburg

Lyrische Gattungen und Formen

Das Anagramm

Das Anagramm ist die Umstellung der Buchstabenreihenfolge.

Beim Anagramm handelt es sich um eine sinnvolle Umstellung der Buchstabenreihenfolge eines Wortes, eines Satzes oder eines Namens. Voraussetzung ist, dass alle Buchstaben wieder verwendet werden müssen. Im Barock wurden Anagramme häufig zur Verschleierung von Autorennamen benutzt, so nennt sich Christoffel von Grimmelshausen, der Autor des Simplicissimus, German Schleifheim von Sulsfort.

Eine Sonderform des Anagramms ist das Palindrom, bei dem ein Wort vorwärts oder rückwärts gelesen einen Sinn ergibt, oft den gleichen: z. B. Otto, Reittier, oder als Satzpalindrom: O Genie, der Herr ehre Dein Ego!

Das Akrostichon

Beim Akrostichon ergeben meist die Anfangsbuchstaben einer Strophe ein Wort.

Beim Akrostichon handelt es sich um ein Gedicht, dessen Eigenheit darin besteht, dass die Anfangsbuchstaben der Verse oder Strophen zusammen ein Wort ergeben, das oft als Anspielung auf den Empfänger, den Verfasser oder den Inhalt des Textes zu verstehen ist. Eine Variation dazu liegt vor, wenn z. B. wie im vorliegenden Gedicht – einem versetzten Akrostichon – der erste Buchstabe des ersten Verses, der zweite des zweiten Verses usw. ein „Lösungswort" ergeben:

Hier schliesst das tor: schickt unbereite fort.
Tödlich kann lehre sein dem der nicht fasset.
Bild ton und reigen halten sie behütet
Mund nur an mund geht sie als weisung weiter
Von deren fülle keins heut reden darf.
Beim ersten schwur erfuhrt ihr wo man schweige
Ja deutlichsten verheisser wort für wort
Der welt die ihr geschaut und schauen werdet
Den hehren Ahnen soll noch scheu nicht nennen.

(Stefan George, Der Stern des Bundes)

Das Akrostichon findet sich schon in der geistlichen Dichtung des Mittelalters (z. B. bei Otfried von Weißenburg) oder im Barock (z. B. bei Paul Gerhardt).

Die Ballade (→ S. 32, 33, 47)

Die Ballade ist ein **Erzählgedicht**, das die Grundgattungen der Dichtung in sich vereint: epische Erzählweise, dramatische Gestaltung, lyrische Stimmung. Das Wort „Ballade“ stammt aus Südfrankreich und bezeichnete ursprünglich ein Lied, das beim Tanzen gesungen wurde. Der Begriff wurde später auch im deutschen Sprachraum heimisch, stand nun aber für ein meist dämonisch-spukhaftes, häufig tragisches Geschehen aus Geschichte, Mythologie oder Sage.

Die Ballade ist ein Erzählgedicht.

Balladen wurden ursprünglich durch Vorträge oder Gesang mündlich überliefert. Sie haben einige Ähnlichkeiten mit der Moritat der Bänkelsänger, also berufsmäßiger Sänger, die ihre Lieder auf den Jahrmärkten vortrugen. Die ursprünglichen Verfasser dieser **Volksballaden** sind unbekannt.

Goethe nannte die Ballade das „Ur-Ei“ der Dichtung.

Im 18. Jahrhundert begannen Dichter Balladen zu schaffen, die den Volksballaden recht ähnlich waren. Sie entnahmen ihre Stoffe der Geschichte oder gestalteten alte Sagen und Schwänke neu. Der Dichter Gottfried August Bürger schuf mit „Lenore“ 1773 die erste **Kunstballade**, bald folgten ihm zahlreiche andere Dichter wie Johann Wolfgang von Goethe und Friedrich Schiller. Während Goethe sich Mythen und Natursagen als Vorbilder wählte, entnahm Schiller seine Stoffe der Geschichte.

Man unterscheidet Volksballaden und Kunstballaden.

Im 19. Jahrhundert galt es als modern, Balladen zu schreiben. Noch heute kennt man viele Balladen von damals, z. B. die Balladen von Gottfried Keller und Conrad Ferdinand Meyer, „Die Lore-Ley“ und „Belsazar“ von Heinrich Heine, „Die Brücke am Tay“ und „Archibald Douglas“ von Theodor Fontane.

Das 19. Jahrhundert gilt als Blütezeit der Balladendichtung.

Zu verschiedenen Themen entstanden im Laufe von Jahrhunderten verschiedene **Balladentypen**, z. B.

- die naturmagische (numinose) Ballade (besonders im 18. und 19. Jahrhundert, Goethe: „Der Erlkönig“),
- die Ideenballade (Schiller: „Die Bürgschaft“, „Der Handschuh“, „Die Glocke“),
- die soziale Ballade (Heinrich Heine: „Die schlesischen Weber“),
- die Technikballade (Theodor Fontane: „Archibald Douglas“),
- die gesellschaftspolitische Ballade (Bertolt Brecht: „Von des Cortez Leuten“, Günter Grass: „Die Ballade von der schwarzen Wolke“, Wolf Biermann: „Ballade vom preußischen Ikarus“).

Je nach Thema unterscheidet man verschiedene Balladentypen.

Die Elegie

Die Elegie ist ursprünglich ein antikes Klagelied.

Die Elegie ist ein aus der Antike stammendes **Klagelied** in Distichen. Im 18. Jahrhundert erlebte die Elegie eine neue Blütezeit, besonders in der Empfindsamkeit wurde die Form zur Darstellung intensiver Gefühle genutzt. Im 20. Jahrhundert sind die Elegien Rilkes und Brechts von Bedeutung. Bekannte Elegien der Neuzeit stammen von Friedrich Gottlieb Klopstock, Johann Wolfgang von Goethe („Römische Elegien"), Friedrich Schiller, Friedrich Hölderlin, Rainer Maria Rilke („Duineser Elegien") und Bertolt Brecht („Buckower Elegien").

Das Epigramm

Das Epigramm war ursprünglich eine Grabinschrift.

Beim Epigramm handelt es sich ursprünglich um eine **in Stein gemeißelte Grabinschrift**. Im 18. Jahrhundert ist es zu einer zweizeiligen Gedichtform geworden (oft in Distichen verfasst), die man der **Gedankenlyrik** zurechnet.

Lessing deutet das Epigramm neu.

1771 hat Lessing in seinen „Zerstreuten Anmerkungen über das Epigramm" dieses als „Sinngedicht" bezeichnet und es nach der Antike neu belebt. Kennzeichen des Epigramms sind nach Lessing die Erwartung (über die Klärung eines Sachverhaltes) und der Aufschluss (über die wahre Natur dieses Sachverhalts). In diesem Sinn dichteten dann auch Goethe und Schiller ihre „Xenien", wobei sie kritisch zu politischen Fragen Stellung nahmen.

Die Hymne

Die Hymne ist eine Gattung, die sich an der Ode orientiert und vor allem im 18. Jahrhundert verfasst wurde.

Hymnen sind ohne Endreim und ohne festes Versmaß und damit **der Ode verwandt**. Die Hymne hat ihre Wurzeln ebenfalls in der Antike und diente als Lobgesang für die Götter. Später wurde sie Bestandteil der christlichen Liturgie, im 18. Jahrhundert war sie Ausdruck pantheistischer Naturverehrung (z. B. Johann Wolfgang von Goethe: „Prometheus", „Ganymed", „Mahomets Gesang"). Bekannte Hymnen stammen auch von Novalis („Hymnen an die Nacht") und Hölderlin („Der Frieden").

Das Lied

Das Lied ist für den Gesang bestimmt und besteht aus **mehreren gleichgebauten Strophen**.

Das **Volkslied** ist Volksgut, die Dichter sind nicht bekannt. Die Beschäftigung mit dem Volkslied begann, als Johann Gottfried Herder um 1770 begann, Volkslieder zu sammeln, um damit die Eigenständigkeit der deutschen Kultur (im Gegensatz zu den damals üblichen ausländischen Einflüssen) nachzuweisen. Seine Volksliedsammlung „Stimmen der Völker in Liedern", an der auch Goethe und Lessing mitgearbeitet hatten, erschien 1778.

Im 18. Jahrhundert wurden Volkslieder gesammelt.

Zu Beginn des 19. Jahrhunderts machten sich dann die Romantiker Clemens Brentano und Achim von Arnim – angeregt vom Nachdenken über die politische Situation in den deutschen Staaten zur Zeit Napoleons – auf, Volkslieder als Dokumente deutschen Nationalgeistes zu sammeln. Sie veröffentlichten diese zusammen mit eigenen, im volksliedhaften Ton gehaltenen Liedern in ihrer Sammlung „Des Knaben Wunderhorn" (1806). Die Lieder Brentanos und Arnims waren der Beginn des **Kunstlieds**, das in der Romantik gepflegt und oft vertont wurde.

Im 19. Jahrhundert wurden im Ton der Volkslieder Kunstlieder gedichtet.

Die Ode

Die Ode war eine verbreitete Form in der Antike (Pindar, Horaz); sie ist gekennzeichnet durch eine strenge, **kunstvoll gebaute Strophenform** (Alkäische Ode, Sapphische Ode, Asklepiadeische Ode), die eine feierlich-erhabene Stimmung erzeugt. In der deutschen Dichtung sind vor allem die Oden Klopstocks und Hölderlins von Bedeutung.

Die Ode erzeugt eine feierliche Stimmung.

Das Sonett (➛ S. 13, 45 ff.)

Das Sonett ist eine Gedichtform, die in Bauform und inhaltlicher Gestaltung strengen Gesetzmäßigkeiten unterliegt. Zwar werden auch heute noch Sonette geschrieben, seine Blütezeit hatte diese Form aber im **Barock** (um 1600–1720), weil damit die barocke Antithetik zwischen Vergänglichkeit des Lebens (Memento mori: bedenke, dass du sterben musst) und Weltbejahung (Carpe diem: pflücke den Tag, koste den Tag voll aus) anschaulich ausgedrückt werden konnte.

Das Sonett ist die lyrische Hauptgattung des Barock.

Das Sonett ist im **Alexandriner** (➛ S. 38, 41) verfasst und besteht aus 14 Versen, die in zwei vierzeilige Strophen (**Quartette**) und zwei dreizeilige Strophen (**Terzette**) untergliedert sind. Gedankliche Gegensätze werden durch die Zäsur in den Versen und den Wechsel von den Quartetten zu den Terzetten besonders deutlich: So können z. B. Frage und Antwort, Problem und Lösung einander gegenübergestellt werden.

Das Sonett ist an seinem strengen Aufbau zu erkennen.

Die Reimstruktur unterstützt diese Zweiteilung. Viele Sonette kommen mit vier verschiedenen Reimen aus: abba in den Quartetten, meist ccd und eed in den beiden Terzetten. Doch auch andere Reimfolgen sind möglich.

Noch heute bekannte barocke Sonette stammen von Martin Opitz, Christian Hofmann von Hofmannswaldau und Andreas Gryphius.

Gedichte können auch nach inhaltlichen Gesichtspunkten geordnet werden:

Weitere Gedichtarten	
Alltagslyrik	Lyrik, die im Alltag eine Rolle spielt (s. Gebrauchslyrik).
Arbeiterlyrik	Lyrik von Arbeitern und / oder zu Themen aus der Arbeitswelt.
Bildgedichte	Gedichte, die einen Text in bildhafter Form wiedergeben, z. B. Emblemgedichte des Barock oder der Konkreten Poesie.
Dinggedichte (➢ S. 29 ff., 34)	Gedichte, in denen ein Ding, z. B. ein Gegenstand behandelt wird.
Erlebnislyrik	Form der Lyrik, die vor allem im Sturm und Drang angesiedelt ist. Sie erweckt den Anschein der Unmittelbarkeit des Dargestellten bzw. der Darstellung der seelischen Gestimmtheit des lyrischen Ich.
Gebrauchslyrik	Gedichte, die im täglichen Leben eine Rolle spielen, z. B. Geburtstagsgedichte, Festgedichte oder Kirchenlieder, aber auch Gedichte, die in der Werbung verwendet werden.
Gedankenlyrik	Gedichte, die Gedanken über die Welt zum Inhalt haben (philosophische Gedichte).
Hermetische Gedichte (➢ S. 57)	Auch magische Lyrik genannt, der Inhalt ist oft nur schwer erschließbar.
Kinderlyrik	Gedichte für Kinder, Abzählverse
Kriegslyrik	Gedichte, die das Kriegserlebnis thematisieren bzw. den Krieg stilisieren.
Liebeslyrik	Gedichte, die das Thema Liebe thematisieren.

Mundartlyrik	Gedichte, die in einer Mundart verfasst sind (Dialektgedichte).
Naturlyrik	Gedichte, in denen die Natur thematisiert wird.
Ökolyrik	Gedichte, die ökologische Aspekte, den Umgang des Menschen mit der Natur zum Inhalt haben.
Poetologische Gedichte	Gedichte über das Gedicht oder den Vorgang des Dichten
Politische Lyrik	Gedichte zu politischen Themen
Religiöse Lyrik	Gedichte zu religiösen Themen

Alle Querverweise im Überblick:

Autor: S. 25 ➛ S. 75, 104, 137 ff.
Kommunikationssituation: S. 25 ➛ S. 27 ff., 110
Lyrisches Ich (Ich-Perspektive): S. 27 ➛ S. 28, 138 f.
Traditionelle und moderne Gedichte: S. 28 ➛ S. 56 ff.
Dinggedicht: S. 29 ➛ S. 34, 68
Ballade: S. 32 ➛ S. 33, 47, 65
Jambus: S. 37 ➛ S. 38
Trochäus: S. 37 ➛ S. 39
Daktylus: S. 37 ➛ S. 40
Blankvers: S. 41 ➛ S. 38, 71, 94
Alexandriner: S. 41 ➛ S. 38, 67
Pentameter: S. 42 ➛ S. 45
Hexameter: S. 42 ➛ S. 45
Distichon: S. 42 ➛ S. 45, 48
Sonett: S. 45 ➛ S. 13, 67 f.
Neologismus: S. 49 ➛ S. 187
Sprachbild: S. 51 ➛ S. 13, 189
Hermetische Lyrik: S. 57 ➛ S. 68

Zusammenfassung:

Lyrik

Der Begriff **Lyrik** kommt aus dem Griechischen und meint ursprünglich einen gegliederten, rhythmisierten Text, der gesungen werden kann. Heute fasst man unter diesem Begriff alle Formen zusammen, die man im weitesten Sinn als **Gedicht** bezeichnen kann: Ballade, Elegie, Epigramm, Hymne, Ode usw.

Jedes Gedicht hat einen **Sprecher**, der nicht mit dem Autor verwechselt werden darf. Er kann zwar in der Ich-Form in Erscheinung treten, man nennt ihn dann das **lyrische Ich**, er kann aber auch in anderen Formen (z. B. als **Du oder Wir**) auftreten. Manchmal kommt er auch nur versteckt vor oder er nimmt eine bestimmte Rolle ein; man spricht dann vom **Rollengedicht**.

Gedichte zeigen bezüglich des Schrift- oder Druckbilds eine besondere Form. Sie sind in der Regel in **Strophen** und **Verse**, moderne Gedichte in **Versgruppen** und **Zeilen** gegliedert.

Der singbaren Herkunft entsprechend, sind traditionelle Gedichte in **Versfüße**, auch Takte genannt, gegliedert und weisen ein bestimmtes **Versmaß** auf. Man unterscheidet dabei im Deutschen zwischen **Jambus**, **Trochäus**, **Daktylus** und **Anapäst**. Häufig vorkommende Versmaße tragen eigene Bezeichnungen: So nennt man den ungereimten fünfhebigen Jambus **Blankvers**, den sechshebigen Jambus mit Mittelzäsur **Alexandriner**.

Ein Kennzeichen traditioneller Gedichte ist der **Endreim**. Man unterscheidet dabei zwischen z. B. Paarreim, Kreuzreim und umschließendem Reim. Weniger verbreitet sind **Anfangsreime** und **Binnenreime**.

Außerdem gibt es **feste Strophenformen**, z. B. das **Terzett** (drei Verse, kein festes Reimschema), die **Volksliedstrophe** (meist vierzeilig, jambisch oder trochäisch, gereimt) und die **Stanze** (sechszeilig, ohne bestimmtes Metrum und Reimschema).

Daneben weisen manche Gedichte besondere **rhythmische Kennzeichen** auf, z. B. den **Auftakt** (Betonung der ersten Silbe), die **Kadenz** (betontes oder unbetontes Versende), **Zeilenstil** (jeder Satz endet innerhalb eines Verses) oder **Enjambement** (der Satz setzt sich im nächsten Vers fort).

Gedichte zeigen besondere **sprachliche Gestaltungsmittel**. Die Autoren verwenden oft **sprachliche Bilder**, die nicht eindeutig sind und den Leser zu eigenen Assoziationen anregen, oder Wörter, die nicht zum üblichen schriftsprachlichen Wortschatz gehören (**Neologismen**, umgangssprachliche Begriffe, auffallend hochsprachliche Wendungen, Dialektwörter usw.). Oft halten sie sich nicht an orthografische und grammatikalische Konventionen. In vielen Gedichten sind auch syntaktische Besonderheiten auffällig (z. B. **Inversionen**, **Ellipsen** und **Parallelismen**). Durch diese sprachlichen Gestaltungsmittel erfahren lyrische Texte eine **besondere Verdichtung**, die das Gedicht von anderen literarischen Gattungen unterscheidet.

Verehrtes Publikum, jetzt kein Verdruß:
Wir wissen wohl, das ist kein rechter Schluß.
Vorschwebte uns: die goldene Legende.
Unter der Hand nahm sie ein bitteres Ende.
Wir stehen selbst enttäuscht und sehn betroffen
Den Vorhang zu und alle Fragen offen.
Dabei sind wir doch auf Sie angewiesen
Daß Sie bei uns zu Haus sind und genießen.

Wir können es uns leider nicht verhehlen:
Wir sind bankrott, wenn Sie uns nicht empfehlen!
Vielleicht fiel uns aus lauter Furcht nichts ein.
Das kam schon vor. Was könnt die Lösung sein?
Wir konnten keine finden, nicht einmal für Geld.
Soll es ein andrer Mensch sein? Oder eine andre Welt?
Vielleicht nur andere Götter? Oder keine?
Wir sind zerschmettert und nicht nur zum Scheine!
Der einzige Ausweg wär aus diesem Ungemach:

Sie selber dächten auf der Stelle nach
Auf welche Weis dem guten Menschen man
Zu einem guten Ende helfen kann.
Verehrtes Publikum, los, such dir selbst den Schluß!
Es muß ein guter da sein, muß, muß, muß!

Bertolt Brecht, Der gute Mensch von Sezuan, Epilog

Drama

In diesem Kapitel erfahren Sie:

- Im Mittelpunkt eines Dramas steht die Handlung, die von Schauspielern, die dazu in bestimmte Rollen schlüpfen, auf der Bühne vorgeführt wird.
- Je nach Handlung unterscheidet man verschiedene Dramentypen: Tragödie, Komödie und Tragikomödie. Jedes Schauspiel ist in Akte, Szenen oder Bilder untergliedert.
- Das traditionelle (aristotelische) Drama unterscheidet sich vom modernen Drama hinsichtlich der Darstellungsform und der Aussageabsicht. Dramen, die dem aristotelischen Modell folgen, sind so genannte geschlossene Dramen, wohingegen die modernen Stücke oft dem offenen Dramentypus zuzurechnen sind.
- Die Handlung im Drama entsteht durch Rede und Wechselrede der Figuren, durch Monolog und Dialog. Die wörtliche Aussage wird begleitet durch Mimik und Gestik, durch Kostüme, Bühnenbild und Beleuchtung. Im Lesetext werden diese Faktoren durch Regieanweisungen wiedergegeben.
- Die Figuren eines Dramas – Charaktere oder Typen – werden durch ihr Tun und durch ihre Aussagen bzw. durch die Aussagen anderer Figuren charakterisiert. Auch die Figurenkonzeption sowie die Figurenkonstellation tragen zu ihrer Charakterisierung bei.
- Für das Verständnis eines Dramas sind auch die Gestaltung von Zeit und Ort von Bedeutung.

Ursprünge des Dramas

Tragödie und Komödie sind die Hauptformen der Gattung Drama.

Im alltäglichen, umgangssprachlichen Sprachgebrauch ist häufig dann von einem Drama die Rede, wenn ein Vorfall ein schlimmes Ende nimmt. Im literaturwissenschaftlichen Sinn ist dieser Gebrauch des Begriffs falsch: Ein Drama muss nicht schlecht ausgehen, es kann auch versöhnlich, ja lustig enden. **Drama** heißt nichts anderes als **Schauspiel**. Was die Umgangssprache meint, ist eigentlich die **Tragödie**, die Handlung mit tragischem Ende. Ihr gegenüber steht die **Komödie**, das Lustspiel.

Dramen wurden ursprünglich im antiken Griechenland zu Ehren des Gottes Dionysos aufgeführt.

Beide, Lustspiel und Trauerspiel, haben ihren Ursprung in kultischen Handlungen im **antiken Griechenland**. Dort erreichten im 5. Jahrhundert vor Christus Spiele zu Ehren des Gottes Dionysos einen Höhepunkt. Anlässlich der **Großen Dionysien** im März bzw. April jeden Jahres wurde Tragödien und Komödien aufgeführt. Anders als heute, wo man für eine Theaterkarte oft viel Geld bezahlen muss, war in Athen der Eintritt frei – die Zuschauer, die während der Aufführung ihre Arbeit ruhen lassen mussten, erhielten sogar ein Schaugeld, das sie für den Verdienstausfall entschädigen sollte. Dies verdeutlicht, wie wichtig man damals das Theater nahm. Es war eine Institution der Polis, die Schauspiele behandelten im weitesten Sinn politische Themen.

Dramatische Handlung

Jedes Drama lebt von der Handlung (➤ S. 75 ff., 95, 137 ff., 149 f.). Diese Handlung, die von Schauspielern vorgeführt oder als Text gelesen werden kann, ist jedoch das Endprodukt, dem meist lange Vorüberlegungen vorausgehen. Oft arbeiten Autoren (➤ S. 25, 104, 137) so: Sie wählen einen Stoff, den sie für ihr Anliegen für geeignet halten, reduzieren ihn auf ein Thema und entwickeln daraus eine Geschichte. Diese dramatisieren sie, indem sie Personen schaffen, die durch Sprache, Mimik, Gestik usw. die Handlung darstellen.

Autoren wählen einen Stoff, den sie dramatisieren.

Stoff – Thema – Geschichte

Die Entstehung von Goethes Schauspiel *„Faust. Der Tragödie erster Teil"* kann das veranschaulichen: Johann Georg Faust ist eine historische Figur, die zwischen 1480 und 1540 gelebt hat. Um ihn ranken sich viele sagenhafte Geschichten, die schon zur Zeit des Humanismus aufgeschrieben, von dem Engländer Christopher Marlowe dramatisiert und in Deutschland als Puppenspiel aufgeführt wurden. Außerdem kannte Goethe den Fall der Margaretha Brandt aus Frankfurt, die 1772 als Kindsmörderin hingerichtet wurde. Diese beiden Quellen liefern den **Stoff**, dessen sich Goethe bediente.

Goethe wählte z. B. den Stoff des historischen Faust als Grundlage für sein gleichnamiges Drama.

Mithilfe dieser stofflichen Grundlage gestaltete Goethe sein Thema, das er mit einer Handlung versehen auf die Bühne brachte.

Das **Thema**, das Goethe (➤ S. 76) gestaltete, ist der Zwiespalt Fausts, der sich zwischen seiner Liebe zu Gretchen und seinem Erkenntnisdrang, den Mephisto scheinbar befriedigen kann, hin und her gerissen fühlt.

Um dieses Thema herum gestaltete Goethe die **Handlung** seines Dramas: Der Gelehrte Faust strebt danach zu erkennen, „was die Welt im Innersten zusammenhält". Deshalb lässt er sich mit Mephisto ein, lernt dabei Gretchen kennen und verliebt sich in sie. Gretchen und Mephisto werden zu Gegenspielern, die beide Faust auf ihre Seite ziehen wollen. Gretchen setzt auf die Liebe und die Allmacht Gottes, Mephisto auf die Neugierde und Lebenslust Fausts und versucht ihn von Gott abzuziehen. Dabei kommt es zu einigen Verwicklungen, Faust wird schuldig am Tod mehrerer Menschen aus Gretchens Familie, Gretchen wird wegen der Ermordung des gemeinsamen Kindes hingerichtet, doch auch Mephisto gelingt es nicht, sich Fausts ganz zu bemächtigen.

Diese Geschichte (auch **Fabel** oder **story** genannt) setzte Goethe in eine Dramenhandlung bestehend aus 17 Szenen um (auch **plot** genannt), heute bekannt als *„Faust. Der Tragödie erster Teil"*, erschienen 1808.

„Da kommen sie und fragen, welche Idee ich in meinem ‚Faust' zu verkörpern gesucht. Als ob ich das selber wissen und aussprechen könnte! Vom Himmel durch die Welt zur Hölle – das wäre zur Not etwas; aber das ist keine Idee, sondern der Gang der Handlung … Es hätte auch in der Tat ein schönes Ding werden müssen, wenn ich ein so reiches, buntes und höchst mannigfaltiges Leben, wie ich es im ‚Faust' zur Anschauung gebracht, auf die magere Schnur einer einzigen durchgehenden Idee hätte reihen wollen."

Goethe zu Eckermann am 6.5.1827

JOHANN WOLFGANG VON GOETHE
(1749–1832)

- 1749 geboren in Frankfurt als Sohn eines kaiserlichen Rates
- 1765–1771: Jurastudium in Leipzig und Straßburg
- 1771–1775: Frankfurter „Geniezeit": Entstehung der Sturm und Drang-Werke („Die Leiden des jungen Werthers", „Götz von Berlichingen", „Urfaust")
- 1775–1786: „Erstes Weimarer Jahrzehnt": Freundschaft mit Thronfolger Karl August, Tätigkeit als Minister, 1782 Erhebung in den Adelsstand
- 1786–1788: Italienische Reise: Beginn der Klassik („Iphigenie auf Tauris", „Egmont", „Torquato Tasso", „Wilhelm Meisters Lehrjahre", „Faust. Der Tragödie erster Teil")
- 1794–1805: Freundschaft und Zusammenarbeit mit Friedrich Schiller („Xenien")
- ab 1815: Altersdichtung („Wilhelm Meisters Wanderjahre", „Marienbader Elegie", „Faust. Der Tragödie zweiter Teil")
- 1832: Tod Goethes am 22. März

Handlung – Handlungsschritte – Handlungstempo

Wenn im Zusammenhang mit einem Drama von Handlung die Rede ist, ist damit nicht nur die Aktion gemeint, die auf der Bühne stattfindet; das ist nur die **äußere Handlung**. Mit dem Begriff **innere Handlung** sind die Vorgänge gemeint, die sich innerhalb der Figuren abspielen. Eine weitere Unterscheidung ist notwendig. Manche Vorgänge sind auf der Bühne sichtbar, andere nicht, z. B. weil sie sich auf einem Nebenschauplatz ereignen, der auf der Bühne nicht dargestellt wird. Folgende Darstellung zeigt die verschiedenen Formen von Handlung:

Die äußere Handlung, die Aktion, ist auf der Bühne sichtbar, die innere Handlung findet in den Figuren bzw. zwischen den Figuren statt.

Art der Handlung	Beschreibung
äußere Handlung	Aktion, Geschehen auf der Bühne oder auf anderen Handlungsschauplätzen
innere Handlung	Vorgänge in den Figuren, ihre geistige und seelische Entwicklung
offene Handlung	Handlung, die auf der Bühne sichtbar ist. Die Handlung eines Dramas ist meist offene Handlung.
verdeckte Handlung	Handlung, die auf der Bühne nicht sichtbar ist, die dem Zuschauer z. B. durch den Botenbericht oder die Teichoskopie (Mauerschau) vermittelt werden muss. Auch die Exposition informiert über die verdeckte, nämlich zeitlich zurückliegende Handlung.

Ähnlich wie eine Erzählung aus verschiedenen Erzählschritten besteht, lassen sich bei Schauspielen einzelne **Handlungsschritte** feststellen. Sie ergeben sich, indem die Figuren die Ausgangssituation verändern und durch ihr Handeln eine neue Situation herbeiführen, die dann wieder durch das Handeln einer Figur verändert wird usw. Im traditionellen Drama fallen Handlungsschritte und Szenen oft zusammen.

Handlungsschritte strukturieren das Dramengeschehen, sie werden durch die verschiedenen Szenen verdeutlicht.

Als Beispiel soll wieder Johann Wolfgang von Goethes Drama „*Faust. Der Tragödie erster Teil*“ herangezogen werden:

Die Szene „Nacht“ zeigt einen völlig verzweifelten Faust: Die Beschwörung der Geister ist misslungen, Wagner lenkt nicht wirklich vom Problem Fausts ab, dieser sieht nur noch im Selbstmord einen Ausweg. Erst durch das Läuten der Osterglocken wird Faust an die Existenz Gottes erinnert und gibt seine Absicht, sich selbst umzubringen, auf. Damit ist ein Handlungsschritt abgeschlossen und für die Bühnenhandlung in der Szene „Vor dem Tor“ ergibt sich eine neue Ausgangssituation. Faust begibt sich unter das Volk, ist empfänglich für Ablenkung und findet wieder neuen Lebensmut.

Komödie – Tragödie – Tragikomödie

Die Komödie, das Lustspiel, will die Zuschauer unterhalten.

Die Tatsache, dass eine Geschichte dramatisiert wird, sagt nichts aus über die Form des Dramas. Sollen die Zuschauer zum Lachen gebracht werden, etwa indem sie sich über das Verhalten der Figuren oder über das, was sie sagen, amüsieren? In diesem Fall müsste der Autor seine Geschichte als **Komödie** darbieten.

Die Tragödie, das Trauerspiel, zeigt einen tragischen Konflikt.

Sollen die Zuschauer die Figuren bedauern, Mitleid mit ihnen empfinden oder von den tragischen Vorkommnissen gerührt sein? Dann ist die Form der **Tragödie** angebracht.

Die Tragikomödie vermischt Elemente der Komödie und Tragödie.

In der nachklassischen Zeit greifen die Autoren auch manchmal zu einem Trick: Sie verbinden komische und tragische Elemente, so dass eine **Tragikomödie** (➛ S. 79) entsteht. Dabei wird eine tragische Grundsituation durch komische Motive und Situationen so verstärkt, dass die ausweglos tragische Situation besonders unterstrichen wird.

Typus	Beschreibung	Beispiele
Komödie (Lustspiel) (➛ S. 85 ff.)	Bühnenstück mit komischem, lustigem oder heiterem Inhalt. Scheinbar allgemein verbindliche Werte werden als lächerlich dargestellt, menschliche Schwächen bloßgestellt. Häufige Themen sind das Missverhältnis von Schein und Sein, veraltete gesellschaftliche Konventionen, Fehlverhalten eines Einzelnen. Oft entsteht die Wirkung durch Sprach- oder Situationskomik.	Gotthold Ephraim Lessing: Minna von Barnhelm, Heinrich von Kleist: Der zerbrochne Krug, Gerhart Hauptmann: Der Biberpelz, Carl Zuckmayer: Der Hauptmann von Köpenick
Tragödie (Trauerspiel) (➛ S. 80 ff.)	Bühnenstück mit tragischem Inhalt. Darstellung eines Konflikts, der mit dem Untergang des Helden eine Lösung findet. Häufig muss sich der Held zwischen zwei Wertesystemen entscheiden. Oft entsteht die Wirkung durch die tragische Handlung, aber auch durch eine angemessene, pathetische Sprache.	Sophokles: Antigone, Gotthold Ephraim Lessing: Emilia Galotti, Friedrich Schiller: Maria Stuart
Tragikomödie (➛ S. 78)	Schauspiel, das tragische und komische Elemente miteinander verbindet. Komische Motive und Situationen verstärken die Tragik der Gesamthandlung. Verstärkung des Realitätsgehalts, da das Nebeneinander von tragischen und komischen Elementen menschlichen Erfahrungen entspricht.	Gerhart Hauptmann: Die Ratten, Friedrich Dürrenmatt: Der Besuch der alten Dame, Urs Widmer: Top Dogs

Die Tragödie (➛ S. 79)

Die Tragödie hatte eine erste Blütezeit im antiken Athen.

Die Tragödie (➛ S. 83) ist eine frühe Form des europäischen Dramas; sie hatte ihre erste **Blütezeit im klassischen Athen** des 5. Jahrhunderts v. Chr. Es handelte sich dabei ursprünglich um ein kultisches Bühnenspiel **zu Ehren des Gottes Dionysos**, das mehr und mehr politische Züge gewann. Die attische Tragödie, die in einem Freilichttheater aufgeführt wurde, wurde in Stoffauswahl und -gestaltung zum Muster der europäischen Tragödie bis in die heutige Zeit und galt lange Zeit als die höchste Gattung schlechthin.

Nach Aristoteles führen die tragischen Effekte phóbos und éleos beim Zuschauer zur Katharsis.

Nach **Aristoteles** erfüllt die Tragödie eine klar definierte Funktion: Sie muss den Zuschauer läutern, also moralisch bessern. Die Tragödie erzeugt beim Zuschauer die tragischen Affekte **phóbos** (Schauder) und **éleos** (Jammer). Durch das heftige Durchleben dieser Affekte wird der Zuschauer von diesen Affekten gereinigt, woraus eine seelische Stabilisierung resultiert; die **Katharsis** (griech. Reinigung) hat stattgefunden.

Durch die Ständeklausel, die bis ins 18. Jahrhundert beachtet wurde, war die Fallhöhe gewahrt.

Diese reinigende Wirkung tritt beim Zuschauer jedoch nur ein, wenn der Held weder zu positiv noch zu negativ gezeichnet ist. Im ersten Fall würde der Zuschauer großen Schrecken empfinden, würde sich dann aber nach der Katastrophe nicht kathartisch befriedigt fühlen; im zweiten Fall würde er den Sturz des Helden zwar mit Befriedigung zur Kenntnis nehmen, es würde ihn aber nicht vor ihm schaudern. Die Tragödie bewirkt demnach eine ambivalente Reaktion im Zuschauer. Sie lässt ihn um den Helden fürchten und bereitet ihm danach mit dessen Sturz emotionalen Genuss. Dieses Phänomen beschreibt auch der Begriff **Fallhöhe**, der die so genannte **Ständeklausel** (➛ S. 81, 85) begründet: In der Tragödie sollen – nach Aristoteles, und von Martin Opitz (➛ S. 83) und Johann Christoph Gottsched wieder aufgenommen – nur hochgestellte Persönlichkeiten, also Adelige, Fürsten und Könige auftreten, da deren Scheitern auf das Publikum eindringlicher wirkt als das Scheitern einfacher Menschen; deren Handlungen sollen in der Komödie dargestellt werden.

Erst Lessing gestand auch den einfachen Menschen einen Platz in der Tragödie zu.

Im Sinn der Aufklärung bewertet **Lessing** (➛ S. 81) die Dramentheorie des Aristoteles und ihre Rezeption neu. In den „Briefen, die neueste Literatur betreffend" (1759 ff.) und insbesondere in seinem theoretischen Hauptwerk „Hamburgische Dramaturgie" (1767/68) legt Lessing den Grundstein für eine neue, an Shakespeare orientierte Ausrichtung des deutschen Dramas. Er wendet sich gegen die Ständeklausel und interpretiert auch die von Aristoteles gebrauchten Begriffe phóbos und éleos neu:

> *„Denn er, Aristoteles, ist es gewiß nicht, der die mit Recht getadelte Einteilung der tragischen Leidenschaften in Mitleid und Schrecken gemacht hat. Man hat ihn falsch verstanden, falsch übersetzt. Er spricht von Mitleid und Furcht, nicht von Mitleid und Schrecken; und seine Furcht ist durchaus nicht die Furcht, welche uns das bevorstehende Übel eines andern, für diesen andern, erweckt, sondern es ist die Furcht, welche aus unserer Ähnlichkeit mit der leidenden Person*

für uns selbst entspringt; es ist die Furcht, daß die Unglücksfälle, die wir über diese verhänget sehen, uns selbst treffen können; es ist die Furcht, daß wir der bemitleidete Gegenstand selbst werden können. Mit einem Worte: Diese Furcht ist das auf uns selbst bezogene Mitleid.“

Standen die Begriffe phóbos und éleos bislang alternativ für Schauder (ob des bevorstehenden Unheils) und Jammer (beim Untergang des Helden), übersetzte sie Lessing nun als Furcht für den Helden und Mitleid mit ihm. Damit – und mit der **Ablehnung der Ständeklausel** (➛ S. 80, 85) – war der Weg frei für eine Tragödie, in der prinzipiell jeder Mensch zum Protagonisten werden konnte. Erst durch die Identifikationsmöglichkeit mit dem tragischen Helden erfolgt nach Lessing die volle Wirkung der Katharsis. Der Weg war gebahnt für das **Bürgerliche Trauerspiel** (➛ S. 84), das Probleme des häuslich-privaten Bereichs bzw. den Konflikt der Stände zum Gegenstand der Handlung machte. Der Begriff bürgerlich ist dabei jedoch noch nicht im modernen Sinn zu verstehen. Als Protagonisten des bürgerlichen Trauerspieles fungierten sowohl Bürger als auch Adelige, sofern sie dem bürgerlichen Ideal entsprachen und sich tugendhaft verhielten.

Mit der Ablehnung der Ständeklausel war eine neue Form des Dramas entstanden: das bürgerliche Trauerspiel.

„Der mitleidigste Mensch ist der beste Mensch … Wer uns also mitleidig macht, macht uns besser und tugendhafter, und das Trauerspiel, das jenes tut, tut auch dieses.“

Lessing in einem Brief an Friedrich Nicolai vom 16.2.1759

GOTTHOLD EPHRAIM LESSING (1729–1781)

- 1729 geboren in Kamenz/Oberlausitz
- 1746–1748: Studium der Theologie und Medizin in Leipzig
- 1748–1755: Redakteur in Berlin (Bekanntschaft mit den Aufklärern Friedrich Nicolai und Moses Mendelssohn)
- 1767–1769: in Hamburg als Dramaturg tätig (Aufführung von „Minna von Barnhelm“)
- Seit 1770: Bibliothekar in der Herzog August Bibliothek in Wolfenbüttel
- 1781 gestorben in Braunschweig

Der tragische Konflikt

In der Tragödie wird ein Konflikt thematisiert, der den Helden – wie auch immer er sich entscheidet – ins Unglück stürzt.

Die Tragödie (➛ S. 83, 90) zeigt einen Menschen in einer **Entscheidungssituation**. Aus der Frage: ‚Wie wird sich der Mensch entscheiden, wie wird er sein Schicksal beeinflussen?' ergibt sich eine Spannung, auf der die Tragödienhandlung aufbaut. Die Tragödie lebt von der Spannung, die menschlichem Handeln zugrunde liegt. Denn wer etwas unternimmt, wählt immer aus einer kleineren oder größeren Anzahl von Möglichkeiten aus. Grundlage für das Handeln ist also immer auch eine Entscheidung. Ein tragischer Held steht vor einer Entscheidung, die er treffen muss, in der Hoffnung, damit den Konflikt zu lösen. Die **Grenzsituation**, in der er sich befindet, lässt jedoch keine Entscheidung zu, die alles zum Positiven wendet. Hin- und hergerissen zwischen mindestens zwei einander ausschließenden Lösungsmöglichkeiten, muss der tragische Held immer scheitern, auch wenn er sich nach Kräften bemüht, der schicksalhaften Wendung des Geschehens zu entgehen. In der antiken attischen Tragödie scheitert er an der göttlichen Übermacht, im Drama des 19. Jahrhunderts meist an den gesellschaftlichen Rahmenbedingungen. In dieser Situation zeigt der Protagonist seine tragische Größe, in der die grundsätzlichen Möglichkeiten menschlichen Seins und Handelns aufgezeigt werden.

Es gibt verschiedene Auslöser für einen tragischen Konflikt.

Für einen tragischen Konflikt gibt es verschiedene Auslöser:

- die tragische Schuld der Hauptfigur, die von ihren Vorfahren herrührt,
- die persönliche Schuld, die eine Figur durch ihr eigenes Handeln zu verantworten hat,
- ein schicksalhafter Moment, der in das Leben einer Figur fällt,
- Lügen oder Missverständnisse.

Formen der Tragödie	Kennzeichen	Beispiele
Griechische Tragödie (➛ S. 80)	• tragischer Konflikt in der irdischen, von göttlichem Willen durchwirkten Welt • Lösung des Konflikts in letzter Sekunde durch plötzliche Ereignisse oder überraschend auftretende Personen (deus ex machina) • gehobene Verssprache • Personen von hohem Stand • keine Vermischung mit komischen Elementen	Aischylos: Die Orestie, Sophokles: Antigone, König Ödipus, Euripides: Medea
Barocke Tragödie (➛ S. 80)	• unberechenbares Schicksal des Menschen und Vergänglichkeit des irdischen Glücks in einer von Gottes Willen durchwirkten Welt • gehobene Verssprache • Personen von hohem Stand • Beachtung der „Drei Einheiten" des Aristoteles • keine Vermischung mit komischen Elementen	Jakob Bidermann: Cenodoxus (1602), Andreas Gryphius: Leo Arminius (1646), Daniel Caspar von Lohenstein: Ibrahim Bassa (1653)
Klassische Tragödie (➛ S. 82, 90)	• die griechische Tragödie als Vorbild • gehobene Verssprache • nur adelige Protagonisten • Einhaltung der drei Einheiten: Zeit, Ort und Handlung • keine Vermischung mit komischen Elementen	William Shakespeare: Hamlet (1603), Macbeth (1606), Johann Christoph Gottsched: Sterbender Cato (1732), Friedrich Schiller: Maria Stuart (1800), Die Braut von Messina (1803)
Historisches Ideendrama	• Darstellung des tragischen Konflikts an einem geschichtlichen Stoff • meist gehobene Verssprache • meist adlige Protagonisten	Friedrich Schiller: Don Carlos (1787), Wallenstein (1799), Maria Stuart (1800)

Gemischte Tragödie	• Vermischung von tragischen und komischen Elementen • Vers- und Prosasprache • Ablehnung der „drei Einheiten“ • Personal aus hohen und niedrigen Ständen	Johann Wolfgang von Goethe: Götz von Berlichingen (1773), Georg Büchner: Dantons Tod (1835)
Bürgerliches Trauerspiel (➢ S. 81)	• Verlagerung der tragischen Handlung in die Welt des Bürgertums • meist in Prosa • Protagonisten aus dem Bürgertum • keine Vermischung mit komischen Elementen	Gotthold Ephraim Lessing: Miss Sara Sampson (1755), Emilia Galotti (1772), Friedrich Schiller: Kabale und Liebe (1783), Friedrich Hebbel: Maria Magdalena (1844)
Soziales Drama	• Entlarvung der Scheinheiligkeit der bürgerlichen Welt • in Prosaform • Protagonisten aus dem Groß- oder Kleinbürgertum • keine Vermischung mit komischen Elementen	Georg Büchner: Woyzeck (1836), Gerhart Hauptmann: Vor Sonnenaufgang (1889), Franz Xaver Kroetz: Oberösterreich (1972)

Die Komödie (➛ S. 79)

Auch die Komödie hat ihren Ursprung im antiken Athen und war Teil des **Dionysos-Kultes**. Doch anders als in der Tragödie wurden in der Komödie aktuelle politische Probleme überzeichnet dargestellt und Politiker und Denker verspottet. Auch Götter, die menschliche Züge trugen, wurden auf der Bühne dargestellt.

Schon in der antiken griechischen Komödie wurden die Hauptfiguren verlacht.

In den deutschen Komödien des Barock (➛ S. 86) stand das Verlachen der Mitmenschen ebenfalls im Vordergrund. **Andreas Gryphius** hielt sich mit seinem „Schimpfspiel" *„Herr Peter Squentz"* (1657) an die so genannte **Ständeklausel** (➛ S. 80, 81), die Martin Opitz und Johann Christoph Gottsched auch in ihren Poetiken noch aufrechterhielten. Sie besagt, dass in der Komödie einfache Bürger und ihre Verhaltensweisen zum Gespött gemacht werden sollten.

In der deutschen Barockkomödie waren die Hauptfiguren einfache Bürger und Bauern.

Erst in der Aufklärung erfuhr die Komödie eine Aufwertung (➛ S. 86). Die **Sächsische Komödie** hatte ihre Blütezeit in der ersten Hälfte des 18. Jahrhunderts und wurde vor allem von Vertretern der Gottsched-Schule gepflegt. Ziel dieses Komödientypus war es, die Gattung aufzuwerten und für eine Erziehung des Bürgertums zu tugendhaftem Verhalten nutzbar zu machen. Das **rührende Lustspiel** Christian Fürchtegott **Gellerts** wollte die Zuschauer nicht durch das Verlachen des Protagonisten, sondern durch die Darstellung einer nachahmenswerten Handlung bessern.

Im 18. Jahrhundert sollte die Komödie den Zuschauern lächerliches Verhalten vorführen und sie damit bessern.

Den Höhepunkt der Aufklärungskomödie bildet **Lessings** Lustspiel *„Minna von Barnhelm"* (1767). Lessing stellt darin mit Wortwitz und Situationskomik einen Geschlechterkonflikt zwischen Minna und dem preußischen Offizier von Tellheim dar. Am Ende der Komödie erkennt Tellheim, dass er seine zukünftige Gattin in seine privaten Entscheidungen hätte einbeziehen müssen – die Komödie trägt also (ganz im Sinn der Aufklärung) **emanzipatorische Züge**.

Die bekannteste Komödie der Aufklärung – Lessings „Minna von Barnhelm" – thematisiert die Emanzipation der Frau.

Eine Neubewertung der Komödie erfolgte im 20. Jahrhundert (➛ S. 86) durch **Friedrich Dürrenmatt**. In seinem Vortrag „Theaterprobleme" (1954) begründet Dürrenmatt seine Affinität zur Komödie so:

Im 20. Jahrhundert wurden die Komödien Friedrich Dürrenmatts populär; sie zählt man zu den Tragikomödien.

> *„Die Tragödie setzt Schuld, Not, Maß, Übersicht, Verantwortung voraus. In der Wurstelei unseres Jahrhunderts, in diesem Kehraus der weißen Rasse, gibt es keine Schuldigen und auch keine Verantwortlichen mehr. Alle können nichts dafür und haben es nicht gewollt … Uns kommt nur noch die Komödie bei…"*

Dürrenmatt bedient sich in seinen Theaterstücken bevorzugt des Stilmittels der **Verfremdung** und **tragisch-grotesker Elemente**; so gelang ihm ein eigener Typus der Tragikomödie, seiner Ansicht nach „die einzig mögliche dramatische Form, heute das Tragische auszusagen".

Formen der Komödie	Kennzeichen	Beispiele
Barockkomödie (➛ S. 85)	• Handlung in der Welt des unteren Bürgertums • meist in Versen • Protagonisten aus dem Bürgertum • keine Vermischung mit tragischen Elementen • Ziel: Verlachen der unteren Bevölkerungsschichten	Andreas Gryphius: Herr Peter Squentz (1657)
Komödie der Aufklärung (➛ S. 85)	• Handlung in der Welt des Bürgertums • meist in Versen • Protagonisten aus dem Bürgertum • keine Vermischung mit tragischen Elementen • Ziel: moralische Besserung des Bürgertums durch Erkennen der eigenen Schwächen	Luise Adelgunde Victorie Gottsched: Die Pietisterey im Fischbein-Rocke (1736), Christian Fürchtegott Gellert: Die zärtlichen Schwestern (1747), Gotthold Ephraim Lessing: Minna von Barnhelm (1767)
Komödie des 20. Jahrhunderts (➛ S. 85)	• Handlung in der Welt des Bürgertums • in Prosa • Protagonisten aus dem Bürgertum • Vermischung mit tragischen Elementen • Ziel: Erkenntnis (und Beseitigung) von gesellschaftlichen und politischen Unstimmigkeiten	Hugo von Hofmannsthal: Der Schwierige (1921), Friedrich Dürrenmatt: Der Besuch der alten Dame (1956), Die Physiker (1962), Martin Walser: Eiche und Angora (1962)

Anordnung des Stoffes in Tragödie und Komödie

Da Dramen eine vielschichtige Handlung zeigen, muss diese untergliedert sein. Üblicherweise teilen die Autoren ihre Stoffe deshalb in Akte, Szenen oder Bilder ein.

Die Handlung eines Dramas ist in Akte, Szenen oder Bilder unterteilt.

Begriff	Bedeutung	Vorkommen
Akt (Aufzug)	ein in sich abgeschlossener, größerer Handlungsabschnitt, der seit dem 17. Jahrhundert durch das Zu- und Aufziehen des Vorhangs markiert wird	im traditionellen Drama
Szene (Auftritt)	im mehraktigen, traditionellen Drama Untereinheit des Aktes, die durch das Auf- bzw. Abtreten von Figuren markiert wird; im modernen Drama oft gleichbedeutend mit „Bild“ verwendet	im traditionellen und modernen Drama
Bild	Handlungseinheit im modernen Drama	im modernen Drama

Darbietung des Stoffes im traditionellen Drama

Die Dichter orientierten sich bis zum 18. Jahrhundert an der Poetik des Aristoteles, die die **Einheit von Zeit, Ort und Handlung** im Drama festschrieb. Aristoteles ging bei seinen Überlegungen von der Praxis des antiken griechischen Theaters aus. Die Darbietung durfte eine gewisse Zeit, nämlich einen Tag – von Sonnenaufgang bis Sonnenuntergang – nicht überschreiten, da sie sonst nicht mehr darstellbar gewesen wäre. Auch die anderen Festlegungen orientieren sich an den herrschenden Voraussetzungen. Das Drama musste an einem Ort spielen, da ein Schauplatzwechsel im griechischen Theater nicht möglich war. Die Einheitlichkeit der Handlung ergibt sich daraus. Wenn sich die Zuschauer in diesem begrenzten zeitlichen Rahmen an einem Ort auf ein Drama konzentrieren sollten, durfte dieses in seiner Handlung nicht auf Nebenhandlungen ausschweifen, vielmehr musste die Haupthandlung zu Ende gebracht werden.

Die so genannten „Drei Einheiten“ sind wesentlicher Bestandteil der Dramentheorie des Aristoteles und wurden bis ins 18. Jahrhundert auch von deutschen Autoren befolgt.

Das traditionelle, aristotelische Drama ist in **Akte** und **Szenen** gegliedert. Akte (auch Aufzüge genannt) sind größere Handlungsabschnitte, die in sich abgeschlossen sind. Der Wechsel von einem Akt zu einem anderen ist meist mit einem Schauplatzwechsel verbunden. Dramen der aristotelischen Bauform sind

Das aristotelische Drama ist in Akte und Szenen gegliedert und gehört dem Typus des geschlossenen Dramas an.

in fünf, manchmal in drei Akte eingeteilt. Man nennt sie nach ihrer Bauform **geschlossene Dramen**. Die streng **symmetrische Bauform** ist Ausdruck eines **geschlossenen Weltbildes**.

Die so genannte Freytags-Pyramide veranschaulicht die tektonische Bauform des traditionellen Dramas.

Ausgehend von Schillers Drama „*Maria Stuart*", das dem aristotelischen Schema sehr nahekommt, entwickelte der Literaturwissenschaftler und Dichter **Gustav Freytag** am Ende des 19. Jahrhunderts folgendes Modell, das für viele deutsche Dramen des 17. bis 19. Jahrhunderts Gültigkeit besitzt:

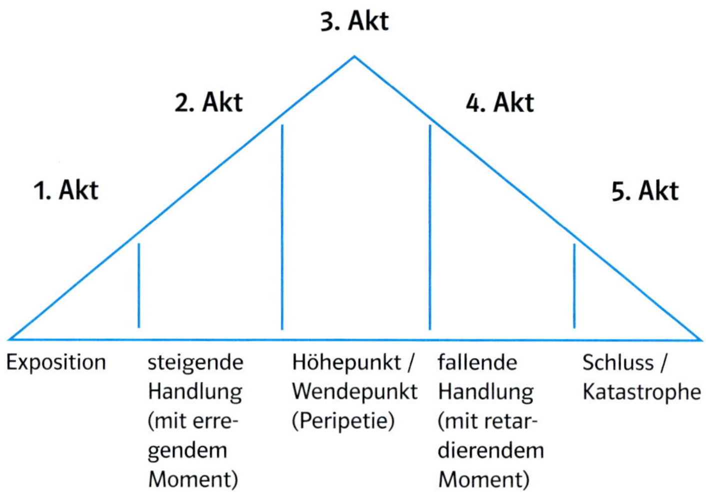

Den einzelnen Akten des aristotelischen Dramas ist eine jeweils spezifische Funktion zugeordnet. Folgendes Schaubild kann das veranschaulichen:

Jeder Akt des traditionellen Dramas hat eine bestimmte Funktion.

Akt	Funktion	Kennzeichen
1. Akt	Exposition	Einführung in die Verhältnisse und Zustände, aus denen der dramatische Konflikt entspringt. Die Exposition macht die Zuschauer mit der Vorgeschichte der Bühnenhandlung, mit Ort und Zeit der Handlung und mit den Hauptfiguren bekannt.
2. Akt	steigende Handlung	Entwicklung des Konflikts bis zum Höhepunkt.
3. Akt	Höhe- bzw. Wendepunkt	Hier kommt es zur vollen Entfaltung des Konflikts. Oft ist der Höhepunkt zugleich der Wendepunkt (auch Peripetie genannt), an dem das Geschehen eine ganz unvorhergesehene Richtung nimmt.
4. Akt	fallende Handlung	Führt scheinbar unmittelbar zum Schluss hin. Meist wird das schnelle Ende aber durch das so genannte retardierende Moment verzögert, was noch einmal Spannung in die Dramenhandlung bringt.
5. Akt	Schluss: Happy End bzw. Katastrophe	Bringt die Lösung der dramatischen Handlung. In der Komödie handelt es sich dabei um ein glückliches Ende, in der Tragödie um die Katastrophe.

Analytisches Drama und Zieldrama

Bei Dramen der traditionellen Form ist die Unterscheidung in Zieldrama und analytisches Drama üblich. Die beiden Dramenformen unterscheiden sich grundlegend durch die Darstellungsabsicht und Darstellungsweise.

Je nach Autorenintention ist das traditionelle Drama als analytisches Drama oder als Zieldrama gestaltet.

Das entscheidende Ereignis für das dramatische Geschehen auf der Bühne liegt beim **analytischen Drama** (Enthüllungsdrama) in der Vorgeschichte. Auf der Bühne werden nur die letzten Auswirkungen, die Zuspitzung und womöglich die Aufklärung einer Handlung gezeigt, die sich vor dem Einsetzen des Bühnengeschehens ereignet hat.

Beispiele für das analytische Drama:

- Sophokles, *König Ödipus* (429 v. Chr.)
- Kleist, *Der zerbrochne Krug* (1803/08)
- Schiller, *Die Braut von Messina* (1802/03)

Beim **Zieldrama** (Entfaltungsdrama, synthetisches Drama) richtet sich die dramatische Handlung auf ein Geschehen oder Ereignis aus, das vom Zeitpunkt des Beginns der Bühnenhandlung her gesehen in der Zukunft liegt. Die Bühnenhandlung läuft geradlinig auf die Katastrophe am Ende zu.

Beispiele für das Zieldrama:

- Lessing, *Emilia Galotti* (1772)
- Schiller, *Maria Stuart* (1800)
- Hauptmann, *Vor Sonnenaufgang* (1889)

Das klassische Drama (➛ S. 82, 83)

Das Drama der Klassik markiert durch eine Vielzahl von Merkmalen einen Höhepunkt in der deutschen Dichtung:
- existenzielle Themen,
- innere Handlung,
- hoher, oft pathetischer Stil,
- symmetrische Bauform.

Das **18. Jahrhundert war die Blütezeit des Dramas**. Nach Aufklärung und Sturm und Drang gelang es vor allem Goethe und Schiller, das Drama international hoffähig zu machen. Das Drama der **Klassik** ist ein geschlossenes Drama, dem ein geschlossenes Weltbild zugrunde liegt. Das bedeutet:

- Existenzielle philosophische Themen werden auf der Bühne dargestellt. Dabei endet die Handlung mit einer Lösung des Problems.
- Die äußere Handlung sowie Zeit, Ort und Personen entstammen meist der griechischen Mythologie oder der Geschichte.
- Der Schwerpunkt liegt auf der inneren Handlung, d. h. in den Gedanken und Empfindungen der Personen, und wird durch Personenrede (Monolog und Dialog) ausgedrückt.
- Hoher Stil (z. B. Verssprache, Stichomythie, Antilabe), unterstützt durch eine Vielzahl sprachlich-stilistischer Mittel und ein einheitliches Vermaß, prägen die Figurenrede.
- Das klassische Drama ist in Akte und Szenen gegliedert. Meist bestehen die Dramen aus drei oder fünf Akten.

Untersucht man einen Auszug aus dem 3. Auftritt des 1. Akts aus Goethes Schauspiel *„Iphigenie auf Tauris“*, kann man Folgendes feststellen:

Inhalt	Text	Sprache
Thoas wiederholt gegenüber Iphigenie seinen Heiratsantrag. Unter Berufung auf den Willen der Göttin Diana und ihre mögliche Heimkehr nach Griechenland verzögert Iphigenie eine Entscheidung.	Thoas. Ich wiederhole meinen ersten Antrag: Komm, folge mir und teile, was ich habe. Iphigenie. Wie darf ich solchen Schritt, O König, wagen? Hat nicht die Göttin, die mich rettete, Allein das Recht auf mein geweihtes Leben? Sie hat für mich den Schutzort ausgesucht, Und sie bewahrt mich einem Vater, den Sie durch den Schein genug gestraft, vielleicht Zur schönsten Freude seines Alters hier. Vielleicht ist mir die frohe Rückkehr nah; Und ich, auf ihren Weg nicht achtend, hätte Mich wider ihren Willen hier gefesselt? Ein Zeichen bat ich, wenn ich bleiben sollte.	 Aufforderung Anruf rhetorische Frage Einschub zur Verzögerung der Aussage
Thoas erkennt die ablehnende Haltung Iphigenies, nennt ihre Argumente eine „Ausflucht“.	Thoas. Das Zeichen ist, daß du noch hier verweilst. Such Ausflucht solcher Art nicht ängstlich auf. Man spricht vergebens viel, um zu versagen; Der andre hört von allem nur das Nein.	 Sentenz
Iphigenie erinnert Thoas an seine verständnisvollen Worte und bittet ihn zugleich, sie in die Heimat zu entlassen.	Iphigenie. Nicht Worte sind es, die nur blenden sollen; Ich habe dir mein tiefstes Herz entdeckt. Und sagst du dir nicht selbst, wie ich dem Vater, Der Mutter, den Geschwistern mich entgegen Mit ängstlichen Gefühlen sehnen muß? Daß in den alten Hallen, wo die Trauer Noch manchmal stille meinen Namen lispelt, Die Freude, wie um eine Neugeborne, Den schönsten Kranz von Säul’ an Säulen schlinge. O sendetest du mich auf Schiffen hin! Du gäbest mir und allen neues Leben.	Inversion Zitat von Thoas’ Worten Inversion Personifikation Vergleich Personifikation Ausruf, Wunsch

Thoas gibt scheinbar nach, indem er Iphigenie zurückkehren lassen will, zugleich beschimpft er sie wegen ihrer Einstellung, die er für eine typisch weibliche hält.	Thoas. So kehr zurück! Tu, was dein Herz dich heißt, Und höre nicht die Stimme guten Rats Und der Vernunft. Sei ganz ein Weib und gib Dich hin dem Triebe, der dich zügellos Ergreift und dahin oder dorthin reißt. Wenn ihnen eine Lust im Busen brennt, Hält vom Verräter sie kein heilig Band, Der sie dem Vater oder dem Gemahl Aus lang bewährten, treuen Armen lockt; Und schweigt in ihrer Brust die rasche Glut, So dringt auf sie vergebens treu und mächtig Der Überredung goldne Zunge los.	gehobener Ausdruck Anapher Verallgemeinerung Personifikation Personifikation
Iphigenie appelliert an den Edelmut Thoas'.	Iphigenie. Gedenk, o König, deines edeln Wortes! Willst du mein Zutraun so erwidern? Du Schienst vorbereitet, alles zu vernehmen.	Anruf
Thoas nimmt seine Kritik am Weiblichen wieder auf.	Thoas. Aufs Ungehoffte war ich nicht bereitet; Doch sollt' ich's auch erwarten: wußt' ich nicht, Daß ich mit einem Weibe handeln ging?	Apokope
Mit Schmeichelei verbunden und unter Berufung auf den Willen der Götter bleibt Iphigenie bei ihrer Haltung.	Iphigenie. Schilt nicht, o König, unser arm Geschlecht. Nicht herrlich wie die euern, aber nicht Unedel sind die Waffen eines Weibes. Glaub es, darin bin ich dir vorzuziehn, Daß ich dein Glück mehr als du selber kenne. Du wähnest, unbekannt mit dir und mir, Ein näher Band werd uns zum Glück vereinen. Voll guten Mutes, wie voll guten Willens, Dringst du in mich, daß ich mich fügen soll; Und hier dank ich den Göttern, daß sie mir Die Festigkeit gegeben, dieses Bündnis Nicht einzugehen, das sie nicht gebilligt.	Verallgemeinerung Übertreibung (Schmeichelei), Litotes Hypotaxe
Thoas rügt den Rückzug Iphigenies auf den Willen der Götter, was diese relativiert.	Thoas. Es spricht kein Gott; es spricht dein eignes Herz. Iphigenie. Sie reden nur durch unser Herz zu uns.	Parallelismus Stichomythie

	Thoas. Und hab ich, sie zu hören, nicht das Recht? Iphigenie. Es überbraust der Sturm die zarte Stimme. Thoas. Die Priesterin vernimmt sie wohl allein? Iphigenie. Vor allen andern merke sie der Fürst.	Rhetorische Frage
Thoas lamentiert bezüglich seiner Situation. Iphigenie benennt den Sachverhalt in klaren Worten, woraufhin Thoas das Gespräch abbricht.	Thoas. Dein heilig Amt und dein geerbtes Recht An Jovis Tisch bringt dich den Göttern näher Als einen erdgebornen Wilden. Iphigenie. So Büß ich nun das Vertraun, das du erzwangst. Thoas. Ich bin ein Mensch; und besser ist's, wir enden.	Nominalisierung, hoher Stil Antithese

Zu Inhalt und Aufbau:

- Die vorliegende Szene gibt ein **Gespräch zwischen Thoas und Iphigenie** wieder. Thoas, der Iphigenie schon öfter die Ehe angetragen hatte, wiederholt seinen Heiratsantrag. Iphigenie sucht Ausflüchte: Möglicherweise könne sie bald nach Griechenland zurückkehren und wolle sich deshalb nicht auf Tauris binden, außerdem habe nur die Göttin Diana, die sie nach Tauris gebracht habe, ein Recht auf ihr Leben. Diese Argumentation will Thoas nicht gelten lassen, er nennt sie typisch weiblich und bricht im Zorn das Gespräch ab.
- Der Dialog beginnt mit der **Wiederholung des Heiratsantrags** durch Thoas, den Iphigenie zuerst unbeantwortet lässt. Der Dialog steigert sich dann zu einem **Konfliktdialog**, indem Thoas die Ausflüchte Iphigenies als solche benennt, diese sich aber auf den Willen der Göttin Diana zurückzieht. Zwar bringt Thoas noch eine individuelle Komponente – das Herz – ins Gespräch, doch Iphigenie ist nicht bereit, sich auf diese Argumentation einzulassen, so dass Thoas am Ende mit den Worten „und besser ist's, wir enden" den Dialog abbricht.

Zur sprachlich-stilistischen Gestaltung:

- Der Dialog ist ein typisch **klassischer Dialog**, der in **Stichomythie** gipfelt. Die Figurenrede ist durch den **hohen Stil** gekennzeichnet und damit nicht realistisch, da es sich bei Thoas, dem König der Taurer, ja im Sinne der griechischen Mythologie um einen Barbaren handelt.
- Der Dialog ist – wie fast das gesamte Drama – im fünfhebigen Jambus, dem **Blankvers** (➤ S. 38, 41, 71) verfasst. Auch dies ist ein Kennzeichen der Stilisierung im klassischen Sinn.
- Auffällig ist, dass Thoas sein Anliegen klar hervorbringt, Iphigenie sich aber in Ausflüchten äußert. Dies verdeutlicht den **seelischen Zustand der Protagonisten**: Thoas wünscht Klarheit über seine persönliche Situation, während Iphigenie nicht bereit ist, ihre Gefühle zu äußern. Sie hält Thoas, dem sie ihre herausgehobene Stellung als Priesterin zu verdanken hat, hin. Die erzürnte Reaktion des Königs am Ende des Dialogs ist vor diesem Hintergrund verständlich.
- Beide Protagonisten drücken sich in **hohem Stil**, teilweise pathetisch, am Ende des Dialogs in Form der Stichomythie aus. Auffällige sprachliche Gestaltungsmittel sind der Anruf („O König"), die rhetorische Frage („Hat nicht die Göttin, die mich rettete, / Allein das Recht auf mein geweihtes Leben?", „Und hab ich, sie zu hören, nicht das Recht?"), der Parallelismus („Es spricht kein Gott, es spricht dein eignes Herz") und die Sentenz („Man spricht vergebens viel, um zu versagen"). Daneben gibt es Inversion, Personifikationen, Übertreibung, Vergleich, Antithese und Hypotaxe.
- Der Inhalt des Textes erschließt sich ausschließlich aus der **Figurenrede**, Regieanweisungen kommen nicht vor.

Darbietung des Stoffes im offenen Drama

Jedes Drama, das nicht dem Typus des geschlossenen Dramas entspricht, wird dem **offenen Drama** zugerechnet. Das deutlichste Kennzeichen des offenen Dramas ist die lockere, episodische Anordnung von Einzelszenen, die ausdrückt, dass das Geschehen (scheinbar) nicht konstruiert ist und nicht in planvoller Folge abläuft. Vielmehr erfordert es die innere Logik der Handlung, dass sie so und nicht anders verläuft. Handlungssprünge sind deshalb kein Missgeschick des Autors, sondern sie ergeben sich daraus, dass nur wesentliche Stationen der Handlung (➛ S. 75 ff., 137 ff., 147 ff.) gezeigt werden müssen, um die Zusammenhänge zu verstehen. Dieser Darstellungsform wohnt eine gewisse Beliebigkeit inne, die aber nur scheinbar ist, da die Grundkonstellation des Dramas, z. B. die soziale Situation der Figuren, ihre Charakteranlagen oder das Weltbild, auf dem das Stück aufbaut, gar keinen anderen als den gezeigten Verlauf zulässt.

Das moderne Drama ist meist als offenes Drama konzipiert. Die lockere, episodische Anordnung der Bilder betont die innere Logik der Handlung. Die Sprache der Personen entspricht ihrer sozialen Stellung.

Folgende Darstellung der mehrsträngig aneinandergereihten **Einzelszenen** oder Bilder verdeutlicht die Bauform des offenen Dramas:

Vergleich: Geschlossenes und offenes Drama

	Geschlossenes Drama	Offenes Drama
Handlung	einheitliche, in sich geschlossene Haupthandlung, wobei alle Ereignisse miteinander verknüpft sind und auf ein Ziel hinführen, meist Einsträngigkeit der Handlung, kausallogische Verknüpfungen, Folgerichtigkeit	Mehrsträngigkeit gleichgewichtiger Handlungen, lockere Struktur der Einzelszenen, relative Autonomie einzelner Episoden, Zusammenhalt über Leitmotive oder Figuren
Anfang – Schluss	klarer Anfang durch Eintreten einer Konfliktsituation, eindeutige Lösung am Schluss	plötzlicher Beginn, meist offener Schluss
Zeit	geringe Zeiterstreckung der Handlung, keine Zeitsprünge	die Handlung umspannt große Zeiträume, Zeitsprünge zwischen den einzelnen Szenen sind möglich
Handlungsort	Beschränkung auf wenige Schauplätze	Vielzahl von Handlungsorten, Orte charakterisieren und bestimmen das Verhalten der Figuren
Figuren	meist nur wenige Figuren hohen Standes, die in einem klaren Verhältnis zueinanderstehen, scheinbar unabhängig von Physis und Milieu, die Figuren bestimmen den Verlauf der Handlung	Vielzahl von Figuren, die die Gesellschaft als Ganzes repräsentieren, abhängig von Milieu und psychischer Befindlichkeit, fehlende Autonomie
Held	autonomer, mündiger Held, der das Geschehen durch sein Handeln lenkt	passiver Held, Antiheld, der von seinem sozialen Umfeld bestimmt wird
Sprache	Kunstsprache, oft Verssprache, einheitliche Sprachebene, oft Hypotaxen, Sentenzen, Bilder, Metaphern, Mitteilungsfunktion der Sprache, Dialoge und Rededuelle (Stichomythie, Antilabe) treiben die Handlung voran	individuelle, realistische Sprache, Mischung der Stilebenen, häufig Parataxen, Anakoluth und Ellipse als Stilmittel, Expressionsfunktion der Sprache, Sprachlosigkeit als Ausdruck der Hilflosigkeit der Figuren
philosophischer Hintergrund	klar strukturiertes Weltbild, dessen Idee in seiner ganzen Totalität vermittelt werden soll	Komplexität der empirischen Realität ist nicht darstellbar, deshalb: Offenheit, Fragmentcharakter

Auf dem Weg zum modernen Drama

In seinem sozialen Drama „*Woyzeck*" hat **Georg Büchner** schon 1836 viele Elemente des modernen Dramas vorweggenommen: die lose Reihung der Szenen, die sprachliche Form, die sich an der sozialen Stellung der Figuren orientiert, und nicht zuletzt das Thema, den Mord aus Eifersucht und Verzweiflung. „*Woyzeck*" war das erste Drama, in dem das Bürgertum derart kritisch dargestellt wurde und bei dem ein Antiheld aus dem Proletariat die Hauptfigur war. Mit realistischen Elementen in Thematik und Sprache war Büchner seiner Zeit weit voraus. Als eigenständige Gattung innerhalb des Dramas etablierte sich das „soziale Drama" oder „Milieudrama" aber erst im Naturalismus.

Das Drama „Woyzeck" von Georg Büchner gilt als Vorläufer des modernen Dramas.

Untersucht man die Szene „Abend. Die Stadt in der Ferne (Marie und Woyzeck.)" kann man Folgendes feststellen:

Inhalt	Text	Sprache
Marie ist es in der Dunkelheit vor der Stadt unheimlich.	MARIE. Also dort hinaus ist die Stadt. S' ist finster . WOYZECK. Du sollst noch bleiben. Komm setz dich. MARIE. Aber ich muß fort. WOYZECK. Du wirst dir die Füß nicht wund laufen.	kurze Sätze Umgangssprache
Woyzeck und Marie sprechen andeutungsweise über ihre Beziehung.	MARIE. Wie bist du nur auch! WOYZECK. Weißt du auch wie lang es just ist, Marie? MARIE. An Pfingsten zwei Jahr. WOYZECK. Weißt du auch wie lang es noch sein wird?	 Ellipse Anspielung
Marie drängt auf Rückkehr. Woyzeck hört ihr gar nicht richtig zu, glaubt, dass es ihr kalt ist, und droht ihr an, dass sie vom Morgentau nicht frieren wird.	MARIE. Ich muß fort das Nachtessen richten. WOYZECK. Friert's dich Marie? und doch bist du warm . Was du heiße Lippen hast! (heiß, heiß Hurenatem und doch möcht' ich den Himmel geben sie noch einmal zu küssen) und wenn man kalt ist so friert man nicht mehr. Du wirst vom Morgentau nicht frieren. MARIE. Was sagst du? WOYZECK. Nix. *Schweigen.* MARIE. Was der Mond rot auf geht.	 Aneinandervorbeireden Antithese, Umgangssprache Beiseitesprechen Dialekt Antithese Einwortsatz, Regieanweisung

Als sie das Messer in seiner Hand sieht, wird ihr klar, was Woyzeck mit ihr vorhat. Woyzeck lässt sich durch Maries Hilferuf nicht von seinem Vorhaben abbringen: Er ermordet sie.	WOYZECK. Wie ein blutig Eisen. MARIE. Was hast du vor? Franz, du bist so blaß. *Er zieht das Messer.* Franz halt! Um des Himmels willen, Hü- Hülfe! WOYZECK. Nimm das und das! Kannst du nicht sterben? So! so! Ha sie zuckt noch, noch nicht, noch nicht? Immer noch? *Stößt zu.* Bist du tot? Tot! Tot! *Es kommen Leute, läuft weg.*	Vergleich, Ellipse Anrede Regieanweisung Ausruf Ausrufe Wiederholung

„Was noch die so genannten Idealdichter anbetrifft, so finde ich, dass sie fast nichts als Marionetten mit himmelblauen Nasen und affektiertem Pathos, aber nicht Menschen von Fleisch und Blut gegeben haben, deren Leid und Freude mich mitempfinden macht, und deren Tun und Handeln mir Abscheu oder Bewunderung einflößt."

Büchner in einem Brief an die Eltern vom 28.7.1835

Zu Inhalt und Aufbau:

- Die vorliegende Szene gibt ein **Gespräch zwischen Marie und Woyzeck** wieder. Marie fühlt sich in der Dunkelheit vor der Stadt unwohl und möchte nach Hause zurückkehren. Woyzeck hört ihr aber gar nicht richtig zu. Er denkt, sie würde frieren, und zieht am Ende sein Messer und ersticht Marie.
- Der **Dialog** beginnt damit, dass sich Marie nach ihrem Seitensprung mit dem Tambourmajor in Woyzecks Gegenwart unwohl fühlt. Sie kann jedoch ihre Gefühle ebenso wenig ausdrücken wie Woyzeck, der von ihrer Untreue weiß. So wird der Dialog zunehmend zu vereinzelten **Monologen** der beiden Figuren, die nicht mehr auf die Aussagen des anderen eingehen, sondern nur noch ihren eigenen Gedanken nachhängen.

Zur sprachlich-stilistischen Gestaltung:

- Der Dialog ist gekennzeichnet vom **Aneinandervorbeireden** der beiden Figuren, was zugleich ihre unterschiedliche seelische Gestimmtheit verdeutlicht. Während Marie den Mond beschreibt, erinnert Woyzeck diese Beschreibung an sein Messer.
- Beide Figuren drücken sich in **umgangssprachlichen Wendungen** aus, sprechen in **Alltagssprache**, teilweise mit **Dialektfärbung**. Trotzdem können sie sich nicht verstehen, weil es ihnen nicht gelingt, mit den **beschränkten Mitteln**, die ihnen zur Verfügung stehen, ihren psychischen Zustand zu beschreiben bzw. ihre Ängste, Nöte und Sorgen für den anderen verständlich auszudrücken.
- Sowohl Marie als auch Woyzeck drücken sich mit den **sprachlichen Mitteln der Unterschicht** aus. Diese sind: beschränkter Wortschatz, Soziolekt und Dialekt, kurze, elliptische Sätze, Ausrufe, Einwortsätze.
- Der Inhalt des Textes erschließt sich weitgehend aus der **Figurenrede**, wichtige Elemente der Handlung werden in den **Regieanweisungen** genannt.

GEORG BÜCHNER (1813–1837)

- 1813 geboren in Goddelau/Hessen als Sohn eines Arztes
- ab 1831: Studium der Medizin in Straßburg und Gießen
- 1834: Veröffentlichung der politikkritischen Flugschrift „Der hessische Landbote", daraufhin Flucht nach Straßburg
- 1835: Veröffentlichung des Revolutionsdramas „Dantons Tod"
- 1837: gestorben in Zürich an Hirnhautentzündung
- ab 1839: posthume Veröffentlichung von „Lenz", „Leonce und Lena" und „Woyzeck"

Das Drama im 20. Jahrhundert

Das 20. Jahrhundert hat so **vielfältige dramatische Formen** hervorgebracht, dass der Begriff „offene Form" nur eine vage Beschreibung und nur in der Abgrenzung zum traditionellen Drama aussagekräftig sein kann.

Episches Theater

BERTOLT BRECHT (1898–1956)

- 1898: geboren am 10. Februar als Eugen Berthold Friedrich Brecht in Augsburg
- ab 1917: Studium der Medizin und Philosophie in München und Berlin
- ab 1924: Dramaturg am Deutschen Theater Berlin unter Max Reinhardt
- ab 1926: Auseinandersetzung mit dem Marxismus
- nach 1933: Emigration nach Dänemark, später in die USA
- 1949: Rückkehr nach (Ost-) Deutschland
- 1956: gestorben am 14. August in Ost-Berlin

Das epische Theater Bertolt Brechts will mithilfe von Verfremdungseffekt und Montagetechnik auf gesellschaftliche Missstände hinweisen.

Zu den Neuerungen des 20. Jahrhunderts gehört das epische Theater. Es steht für eine besondere Form des modernen Dramas, die Bertolt Brecht im Gegensatz zum klassisch-aristotelischen Drama theoretisch begründet und auf der Bühne erprobt hat.

Ziel ist die **Veränderung der Gesellschaft** im marxistischen Sinn, wozu Brecht das Mitfühlen und Mitleiden des Zuschauers mit den Bühnenfiguren und ihrem Schicksal durch eine kritische Distanz zur Bühnenhandlung ersetzen will. Die von Brecht verwendeten Mittel sind:

- **Verfremdungseffekt** (V-Effekt): Dem Zuschauer wird Alltägliches wie Fremdes, Unbekanntes präsentiert, wodurch er zu den Figuren und zum Geschehen auf der Bühne eine kritische Distanz einnehmen soll, die ihn die Notwendigkeit zur Veränderung erkennen lassen.
- **Montagetechnik** (➛ S. 149, 169, 173), kritisch-kommentierende Einschübe eines Erzählers, Prolog, Epilog, Einfügung von Songs, Kinderliedern und Bibelzitaten, Verwendung von Spruchbändern, Projektionen und Lichteffekten.

„Brecht definiert den Verfremdungseffekt selbst so: „Einen Vorgang oder einen Charakter verfremden heißt zunächst einfach, dem Vorgang oder dem Charakter das Selbstverständliche, Bekannte, Einleuchtende zu nehmen und über ihn Staunen und Neugierde zu erzeugen."

(B. Brecht: Das Prinzip der Verfremdung. In: Schriften zum Theater I)"

Folgende Gegenüberstellung zeigt den grundsätzlichen Unterschied des traditionellen, an der Lehre des Aristoteles orientierten Dramas, wie es bis ins 18. Jahrhundert als verbindlich galt, und dem von Brecht neu geschaffenen epischen Theater:

Traditionelles, aristotelisches Drama	Episches Theater
• verwickelt den Zuschauer in die Handlung • erregt seine Gefühle • ermöglicht ihm Erlebnisse • lässt ihn mit den Figuren Furcht und Mitleid empfinden	• macht den Zuschauer zum Beobachter • weckt seine Aktivität • vermittelt ihm Kenntnisse • verlangt von ihm Entscheidungen

Dokumentartheater

Das dokumentarische Theater kam in den 60er-Jahren des 20. Jahrhunderts als Gegenbewegung zu Brechts epischem Theater, das man für wirkungslos hielt, auf. Es entstanden Stücke, die auf historischen oder juristischen **Quellen** basieren, die vom Autor arrangiert wurden. So thematisiert Rolf Hochhuth in seinem Stück *„Der Stellvertreter"* (1963) das Schweigen Papst Pius XII. zur Judenvernichtung durch die Nationalsozialisten; Heinar Kipphardt brachte die Vernehmung des Atomphysikers Oppenheimer auf die Bühne (*„In der Sache J. Robert Oppenheimer"*, 1964), die auf Verhandlungsprotokollen des amerikanischen Sicherheitsausschusses basiert. Das dokumentarische Drama ist ein **politisches Theater**; es ist scheinbar realitätsnah, da es auf authentischen Quellen basiert. Die künstlerische Leistung der Autoren besteht in der **Auswahl und Anordnung des Materials**, das dadurch ein eigenes Gewicht bekommt und Situationen zugespitzt darstellt.

Das Dokumentartheater ist ein politisches Theater, dessen Autoren auf dem Boden des epischen Theaters standen, dieses jedoch ablehnten.

Theater des Absurden

Das absurde Theater stellt Menschen in ihren Ängsten und Zwangsvorstellungen, die in vorgefertigten Sprachmustern gefangen sind, dar.

Absurdes Theater (von lat. *absurdus*: misstönend) ist ein Theater des Unheimlichen. Es zeigt unsere Alltagswelt in erschreckenden Formen verzerrt. Da nicht die Stücke selbst absurd sind, sondern sie die Welt als absurd zeigen, spricht man besser vom „Theater des Absurden“. Im Theater des Absurden nehmen die Personen die Außenwelt nur noch durch die Brille ihrer Ängste, Zwangsvorstellungen und Wahnbilder wahr. Sie selbst sind nur **Marionetten**; eine äußere Handlung, die auf dem freien Willen der Figuren basiert, gibt es nicht, eine echte Kommunikation ist nicht möglich. Die Figuren sind in **vorgefertigten Sprachmustern** gefangen, die sie reproduzieren, sie verlieren sich in einer Häufung von Gemeinplätzen, Halbwahrheiten, Klischees und Stereotypen. Ihre Sprache ist Ausdruck ihrer **Entfremdung in einer sinnentleerten Welt**, die von Kälte, Endzeit- und Untergangsstimmung beherrscht ist.

Sprechstücke

Sprechstücke üben durch Sprachkritik Kritik an den gesellschaftlichen Zuständen.

Sprechstücke zählen zum **experimentellen Theater** und sind eine moderne dramatische Form. Ihre Hauptvertreter im deutschsprachigen Raum sind Ernst Jandl und Peter Handke. Handke versteht das Sprechtheater als Gegenentwurf zum bestehenden Theaterbetrieb, insofern es nicht nur den Illusionscharakter des Theaters auflösen will, sondern diesen ganz verweigert. Nach Handkes eigener Definition gibt das Sprechtheater kein Bild von der Welt wieder. Dies stimmt in Bezug auf die fehlende äußere Handlung der Stücke; nichtsdestotrotz schafft das Sprechtheater ein Abbild der Welt, wie es sich aus der Sprache ergibt. Monologe und Dialoge werden parodistisch verwendet und analysieren die üblichen Kommunikationsmuster; damit zeigt sich der scheinkommunikative Charakter, der nach Ansicht der Autoren jeder Kommunikation innewohnt. Dem Sprechtheater liegt damit eine **sprach- und gesellschaftskritische Intention** zu Grunde.

Zeichenvielfalt des Dramas

Eines haben alle Theaterstücke gemeinsam, egal ob sie dem aristotelischen Drama oder dem Drama der offenen Form zugerechnet werden oder ob es sich um episches, dokumentarisches oder absurdes Theater handelt: Das Drama ist eine Gattung, die ihre Wirkung beim Zuschauer nicht nur durch sprachliche, sondern auch durch **nonverbale Mittel** erzielt, wie folgendes Schaubild zeigt:

Die Plurimedialität des Dramas setzt neben der Sprache auch auf nonverbale Gestaltungsmittel.

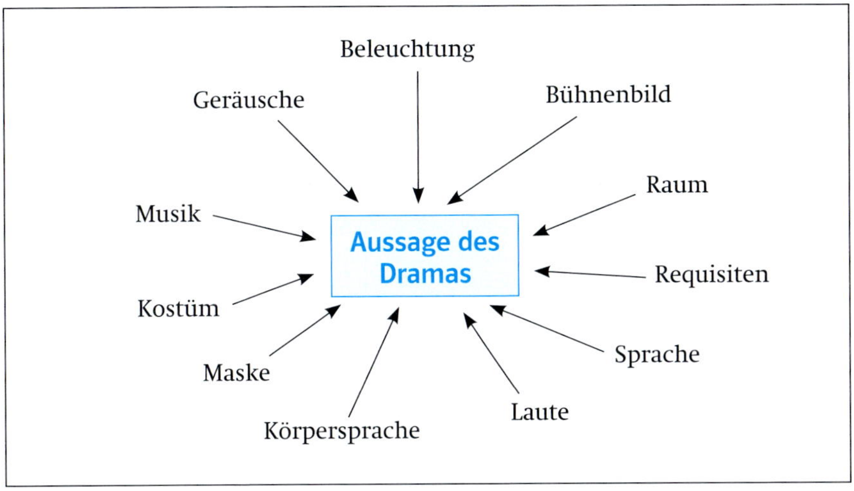

Weil im Drama viele Einzelelemente zusammenwirken und sich erst aus diesem Zusammenspiel die Aussage eines Stücks ergibt, spricht man von der Zeichenvielfalt oder **Plurimedialität** des Dramas.

Figuren und Personal

Um ein Schauspiel auf der Bühne darstellen zu können, bedarf es der **Schauspieler**. Diese schlüpfen in eine Rolle und erwecken die Handlung des Spieltextes zum Leben.

Figur – Person – Rolle

Figuren sind die Träger der Handlung im Drama. Sie sind von einem Autor erdacht und mit bestimmten Eigenschaften ausgerüstet.

Jeder Autor (➛ S. 25, 75, 137 f.), der ein Drama schreibt, erschafft **Figuren** (➛ S. 150 ff.), die als Handlungsträger in diesem Drama wirken. Die Eigenarten dieser Figuren sind im Spieltext angelegt: Geschlecht, Alter, auch Denk- und Handlungsweise sind weitgehend festgelegt. Zudem ergeben sich aus der Situation des Dramas Hinweise auf das Äußere, wie Kleidung, Haarschnitt, Requisiten, die die Figur mit sich führt usw. All das macht die Figur eines Stücks aus. Doch gibt es dabei auch gewisse Freiheiten, die Schauspieler und Regisseure nützen können, um die Figur, die vom Autor geschaffen wurde, zum Leben zu erwecken. Goethes Faust ist z.B. ein Wissenschaftler, der nach eigenen Aussagen viel gelernt, akademische Würden erlangt und schon eigene Schüler hat:

„Habe nun, ach! Philosophie,
Juristerei und Medizin,
Und leider auch Theologie
Durchaus studiert, mit heißem Bemühn.
Da steh' ich nun, ich armer Tor,
Und bin so klug als wie zuvor!
Heiße Magister, heiße Doktor gar,
Und ziehe schon an die zehen Jahr'
Herauf, herab und quer und krumm
Meine Schüler an der Nase herum –“

Innerhalb des Schauspiels agiert die Figur als menschliches Wesen, das verschiedene Rollen einnimmt.

Über das Alter Fausts ist hier nichts ausgesagt. Wie alt mag der Mann sein, der sich in das junge, unerfahrene Gretchen verliebt und diese in seinen Bann zieht? Diese Frage für ihre Inszenierung zu klären, ist Aufgabe der Schauspieler und Regisseure; sie entscheiden, ob die Figur Faust als ein vierzigjähriger oder ein siebzigjähriger Mann auf die Bühne kommen soll.

Innerhalb der Bühnenhandlung tritt Faust als **Person** auf: Er nimmt den Pudel mit ins Haus, spricht mit Wagner, versucht am Ende Gretchen zu retten.

Diese Person spielt innerhalb des Stücks aber verschiedene **Rollen**: Zu Anfang des Stücks erweist sich Faust als erkenntnishungriger Wissenschaftler, der für seine Zwecke auch nicht davor zurückschreckt, Magie und übersinnliche Kräfte zu bemühen. Gretchen erlebt ihn als Freund und Liebhaber, Wagner als Lehrer.

Begriffe	Bedeutung
Figur	Die vom Autor erfundene Gestalt eines Dramas
Person	Innerhalb des Schauspiels agiert die Figur als menschliches Wesen, als Person.
Rolle	Funktion der Person innerhalb des Dramas

Charakter oder Typ?

Für den Handlungsverlauf in einem Drama sind nicht alle Figuren gleich wichtig. Manche Figuren tragen die Handlung, andere kommen nur am Rande, in bestimmten Situationen vor. Nach dem Grad ihrer Wichtigkeit nennt man sie Haupt- oder Nebenfiguren.

Je nach Wichtigkeit gestaltet der Autor die Figur als Charakter oder Typ.

Hauptfiguren können die Helden eines Dramas (**Protagonisten**) sein, aber auch ihre Gegenspieler (**Antagonisten**). Beide sind für den Fortgang der Handlung von entscheidender Wichtigkeit und müssen deshalb dem Zuschauer vertraut sein. Dazu sind sie vom Autor mit charakteristischen, individuellen Merkmalen ausgestattet; man nennt sie deshalb **Charaktere**. Sie

- tragen unverwechselbare Namen,
- tragen die Handlung des Dramas,
- haben eine unverwechselbare Lebensgeschichte, ein individuelles Schicksal,
- sprechen oft eine individuelle Sprache,
- zeigen individuelle Eigenschaften und Eigenheiten,
- sind oft auch äußerlich charakterisiert (Alter, Größe, Haarfarbe, soziale Stellung, Beruf, Auftreten, Kleidung usw.) und sie
- treten oft als Titelfiguren von Dramen auf.

Die Hauptfiguren (Protagonisten und Antagonisten) sind immer Charaktere und mit spezifischen Eigenschaften ausgestattet.

Nebenfiguren erfüllen nur eine bestimmte Funktion im Stück. Sie sind nicht wegen ihres Charakters wichtig, sondern weil sie in bestimmten Situationen die Handlung vorantreiben, hemmen oder in eine andere Richtung lenken. Sie sind auf diese Funktion reduziert, man nennt sie deshalb funktionale Figuren oder **Typen**. Besonders in Komödien bedienen sich die Autoren der Typen, die oft menschliche Schwächen verkörpern.

Die Nebenfiguren sind oft nur Typen, die funktionale Bedeutung haben.

Typen

- tragen oft keine, jedenfalls keine aussagekräftigen Namen,
- sie stehen nicht im Zentrum der Handlung, erfüllen nur eine Funktion,
- haben keine erwähnenswerte Lebensgeschichte, kein individuelles Schicksal,

- sprechen keine individuelle Sprache,
- zeigen keine individuellen Eigenschaften und Eigenheiten und
- sind äußerlich nur insoweit charakterisiert, wie es ihrem Typus entspricht (die böse Alte ist alt, der eingebildete Kranke unfähig das Haus zu verlassen usw.).

Charakterisierung von Figuren

Wichtige Figuren werden durch den Autor hinsichtlich ihres Äußeren, ihrer Denkweise und ihrer sozialen Merkmale charakterisiert.

Damit die Figuren (nicht die Typen) auf der Bühne (oder im Lesetext) an Leben gewinnen, müssen sie möglichst unverwechselbar und authentisch dargestellt werden. Die Autoren statten sie deshalb mit einer Reihe von für sie typischen Eigenheiten aus, die folgenden Bereichen zugeordnet werden können:

- **äußere Merkmale** (z.B. Geschlecht, Alter, Größe, Körperbau, Haarfarbe, Kleidung),
- **innere Merkmale** (z.B. Denkweise, Einstellung, Eigenschaften) und
- **soziale Merkmale** (z.B. Zugehörigkeit zu einer Gesellschaftsschicht, einem Stand, einer sozialen Gruppe).

Auch die betreffende Figur und andere Figuren tragen zu ihrer Charakterisierung bei.

Figuren werden aber nicht nur durch den Autor charakterisiert. Auch andere Figuren eines Schauspiels und die betreffenden Figuren selbst tragen zur Charakterisierung bei.

Folgendes Schaubild verdeutlicht, wodurch die Personen charakterisiert werden können:

Auktoriale Charakterisierung (durch den Autor)	Figurale Charakterisierung (durch die Figuren)
• Explizite Charakterisierung der Figuren: Beschreibung der Figur im Nebentext, sprechende Namen • Charakterisierung durch nonverbale Mittel: Aussehen, Statur, Mimik, Gestik, Maske, Kostüm, Requisiten, Verhalten, Schauplatz • Charakterisierung durch sprachliche Mittel: Sprachstil, Sprachniveau (z.B. Umgangssprache, Dialekt, Soziolekt)	• Selbstcharakterisierung: durch eigene Beschreibung, durch Aussagen und Verhalten in Monologen und Dialogen • Charakterisierung durch andere Figuren: in Monologen oder Dialogen, in Anwesenheit oder bei Abwesenheit der Figur, vor, während oder nach dem Auftritt der Figur

Man kann auch unterscheiden zwischen **direkter und indirekter Charakterisierung**:

Die Charakterisierung kann direkt erfolgen, indem die Wesenszüge ausgesprochen werden. Sie kann auch indirekt erfolgen, indem bestimmte Charakterzüge gezeigt werden.

Art der Charakterisierung	Kennzeichen
Direkte Charakterisierung (➛ S. 151 ff.)	Der Autor äußert sich zu einer Figur, z. B. in Rollenanweisungen. Die Figur oder andere Figuren äußern sich beschreibend und urteilend.
Indirekte Charakterisierung (➛ S. 153 ff.)	Eine Figur charakterisiert sich durch ihre Sprache oder ihre Handlungsweise. Der Autor charakterisiert eine Figur, indem er ihr einen sprechenden Namen gibt oder Kontrastfiguren auftreten lässt.

Figurenkonzeption

Der Autor eines Schauspiels kann die Figuren des Stücks unterschiedlich konzipieren. Bei der Untersuchung der Figurenkonzeption geht es darum herauszufinden, wie diese angelegt sind, wie der Autor sie ausgeformt hat, wie klar sie strukturiert sind und welche Entwicklung sie nehmen.

Wichtig für das Verständnis einer Figur und ihres Handelns ist ihre Konzeptionierung durch den Autor.

Dabei stellen sich folgende Fragen:

- Ist die Figur **statisch** oder **dynamisch** angelegt? Verändert sie sich oder bleibt sie in ihrem Charakter und Verhalten gleich?
- Handelt es sich um eine **komplex** konzipierte Figur oder ist sie eher **eindimensional** angelegt? Ist die Figur mit zahlreichen Merkmalen ausgestattet (gilt sie also als Charakter?) oder zeigt sie nur wenige Merkmale (handelt es sich um einen Typus?).
- Handelt es sich um eine **offen** oder um eine **geschlossen** angelegte Figur? Ist ihr Charakter also mehrdeutig und rätselhaft oder ist das Wesen der Figur leicht durchschaubar?
- Handelt die Figur als Vernunftwesen und ist sie sich ihres Tuns stets voll bewusst oder zeigt sie eine eingeschränkte Perspektive, die psychologisch plausibel wird? In diesem Fall spricht man von einer **rationalen** bzw. einer **psychologischen** Konzeption.
- Ist das Kennzeichen der Figur(en) der **Identitätsverlust**? Spaltet sich eine Figur in verschiedene auf oder vereinigen sich mehrere Figuren zu einer einzigen?

Figurenkonstellation

Die Figurenkonstellation verdeutlicht die Beziehung einer Figur zu anderen innerhalb des Dramas.

Da die Figuren eines Dramas selten allein auf der Bühne stehen (das ist allenfalls in einem Ein-Personen-Stück wie Patrick Süskinds *„Der Kontrabaß"* der Fall), sollte man untersuchen, in welchem Verhältnis sie zu den anderen Figuren stehen. Die vielfältigen Beziehungen, die sich dabei ergeben, nennt man **Figurenkonstellation**. Diese lässt sich quantitativ oder qualitativ bestimmen:

Untersuchung der Figurenkonstellation	Leitende Fragen
Quantitative Analyse	Wie viele Figuren kommen im Drama vor? Wie bemisst sich der Gesprächsanteil der einzelnen Figuren im Drama?
Qualitative Analyse	Nach welchen Merkmalen sind die Figuren einander zugeordnet? • Geschlechtszugehörigkeit • Generationszugehörigkeit • Zugehörigkeit zu einer Gesellschaftsschicht • Zugehörigkeit zu einer bestimmten Berufsgruppe • Wertorientierungen In welcher Beziehung stehen die Figuren zueinander? Gedacht ist z. B. an • Familienbeziehung • Eltern-Kind-Beziehung • Liebesbeziehung • Geschäftsbeziehung • gemeinsame Interessen

Figurenkonfiguration

Die Figurenkonfiguration gibt an, welche Personen wann mit anderen in Kontakt treten.

Betrachtet man die Figuren unter dem Gesichtspunkt des gemeinsamen Auftretens auf der Bühne, spricht man von **Figurenkonfiguration**. Ändert sich die Konfiguration, hat man es meist mit einer neuen Szene bzw. im modernen Drama mit einem neuen Bild zu tun.

Die Konfiguration sagt viel über die Kommunikation im Drama aus. Figuren, die nie auf der Bühne aufeinandertreffen, haben sich entweder nichts zu sagen (z. B. weil es sich um Nebenfiguren handelt, die untereinander gar nicht in Kommunikation treten sollen) oder sie werden vom Autor bewusst auseinandergehalten. Schiller gelingt es, den Höhepunkt seines Dramas *„Maria Stuart"* spannend zu gestalten, indem er erst im dritten Akt die erste Begegnung zwischen Maria und Elisabeth arrangiert.

Sprache und Stil

Das Drama lebt – wie jede Literatur – von der **Sprache**. Zwar ergänzen Darstellungselemente wie Mimik, Gestik, Bühnenbild, Requisiten und Musik die Sprache bei Aufführungen, die Texte, auf denen die Aufführungen basieren, kommen jedoch auch ohne diese Gestaltungsmerkmale aus.

Haupttext und Nebentext (➛ S. 143 ff.)

Der Text eines Dramas besteht aus verschiedenen Textschichten. Was die Figuren untereinander sprechen oder was sie zum Publikum sagen, ist besonders wichtig; man bezeichnet diese Textpassagen deshalb als **Haupttext**.

Unter dem Haupttext versteht man die Figurensprache, unter dem Nebentext die Regieanweisungen.

In der Druckfassung eines Dramas findet sich immer auch Text, der nicht auf der Bühne gesprochen werden soll: Dieser **Nebentext**, auch **Regieanweisungen** genannt, soll Regisseuren und Schauspielern jedoch Hinweise darauf geben, wie der Text gesprochen werden soll, welche Mimik oder Gestik der Autor für bestimmte Spielsituationen vorgesehen oder welche Angaben zur Ausstattung der Bühne und zur Anordnung der Requisiten er gemacht hat. Beispiel aus Friedrich Dürrenmatts Stück „*Die Physiker*“:

> *Ort: Salon einer bequemen, wenn auch etwas verlotterten Villa des privaten Sanatoriums ‚Les Cerisiers'.*
> *Nähere Umgebung: Zuerst natürliches, dann verbautes Seeufer, später eine mittlere, beinahe kleine Stadt.*
> *Das einst schmucke Nest mit seinem Schloß und seiner Altstadt ist nun mit gräßlichen Gebäuden der Versicherungsgesellschaften verziert und ernährt sich zur Hauptsache von einer bescheidenen Universität mit ausgebauter theologischer Fakultät und sommerlichen Sprachkursen, ferner von einer Handels- und einer Zahntechnikerschule, dann von Töchterpensionaten und von einer kaum nennenswerten Leichtindustrie und liegt somit schon an sich abseits vom Getriebe. Dazu beruhigt überflüssigerweise auch noch die Landschaft die Nerven, jedenfalls sind blaue Gebirgszüge, human bewaldete Hügel und ein beträchtlicher See vorhanden…*

Der Nebentext ist bei einer Aufführung des Dramas nur optisch erschließbar.

Auch der **Nebentext** kann Auskünfte geben zu den Fragen:

- Wie ist eine Figur charakterisiert? Welche Mimik, welche Gestik zeigt sie?
- Was erfahren wir über das Äußere der Figur, was über ihre innere Befindlichkeit?
- Wie verhält sich eine Figur: Kommt sie auf die Bühne, tritt sie ab, wendet sie sich von ihrem Gegenüber ab usw.?
- Wie haben wir uns den Spielort vorzustellen?

Beim Lesen eines Dramas liest man den Nebentext mit. Sieht man ein Schauspiel auf der Bühne, ist der Nebentext oft nur **optisch erschließbar**. Beispiel aus Max Frischs Schauspiel „*Andorra*“:

> TISCHLER: Da sind noch seine Schuh.
> DOKTOR: Gehn wir hinein.
> TISCHLER: Das mit dem Finger ging zu weit ...
> *Tischler, Doktor und Wirt verschwinden in der Pinte. Die Szene wird dunkel, das Orchestrion fängt von selbst an zu spielen, die immergleiche Platte. Wenn die Szene wieder hell wird, kniet Barblin und weißelt das Pflaster des Platzes; Barblin ist geschoren. Auftritt der Pater. Die Musik hört auf.*
> BARBLIN: Ich weißle, ich weißle.

Formen und Funktionen der Figurenrede

Bei der Figurenrede kann man zwischen Monolog (eine Figur spricht zu sich selbst) und Dialog (eine Figur spricht zu anderen Figuren) unterscheiden.

Die Kommunikationssituation im Drama ist mit der der anderen Gattungen vergleichbar (➢ S. 25, 27). Spricht eine Figur mit einer oder mehreren anderen, nennt man das Dialog; spricht sie zu sich selbst, nennt man es **Monolog**. Monolog und **Dialog** haben identische, aber auch andersartige Funktionen. Gemeinsam ist ihnen, dass sie die für das Verständnis der Handlung wichtigen Informationen transportieren.

Dialoge finden zwischen zwei oder mehreren Figuren statt. Die Aussage einer Figur ist deshalb gleichzusetzen mit einer sprachlichen Handlung (auch „Sprechakt“ genannt), die die Reaktion einer anderen Figur nach sich zieht.

Monolog und Dialog	
Funktionen des Monologs (-➤ S. 111 ff.)	• Mitteilung von Gefühlen und persönlichen Einstellungen • Erläuterung von Beziehungen zu anderen Figuren • Aussagen über das eigene Verhalten und Handeln
Funktionen des Dialogs (-➤ S. 116 ff.)	• Vorantreiben der Handlung • Charakterisierung der Figuren • Darstellung von Beziehungen • Information über Beweggründe der Figuren • Veranschaulichung der Figuren, ihrer Sprech- und Denkweise

Monologe erfüllen ganz bestimmte Funktionen, die ihnen von den Autoren der Stücke zugewiesen werden. Auch dies ist ein Unterscheidungskriterium für die verschiedenen Monologarten:

Je nach ihrer Funktion unterscheidet man verschiedene Monologarten.

Typische Monologarten und ihre Funktion

Expositionsmonolog
Vermittlung von Einsichten in die Vorgeschichte der Handlung

Der Expositionsmonolog informiert über die Vorgeschichte der Handlung und stellt wichtige Figuren vor.

Beispiel:

WANG Ich bin Wasserverkäufer hier in der Hauptstadt von Sezuan. Mein Geschäft ist mühselig. Wenn es wenig Wasser gibt, muß ich weit danach laufen. Und gibt es viel, bin ich ohne Verdienst. Aber in unserer Provinz herrscht überhaupt große Armut. Es heißt allgemein, daß uns nur noch die Götter helfen können. Zu meiner unaussprechlichen Freude erfahre ich von einem Vieheinkäufer, der viel herumkommt, daß einige der höchsten Götter schon unterwegs sind und auch hier in Sezuan erwartet werden dürfen. Der Himmel soll sehr beunruhigt sein wegen der vielen Klagen, die zu ihm aufsteigen. Seit drei Tagen warte ich hier am Eingang der Stadt, besonders gegen Abend, damit ich sie als erster begrüßen kann. Später hätte ich ja dazu wohl kaum mehr Gelegenheit, sie werden von Hochgestellten umgeben sein und überhaupt stark überlaufen werden. Wenn ich sie nur erkenne! Sie müssen ja nicht zusammen kommen. Vielleicht kommen sie einzeln, damit sie nicht so auffallen. Die dort können es nicht sein, die kommen von der Arbeit. *Er betrachtet vorübergehende Arbeiter.* Ihre Schultern sind ganz eingedrückt vom Lastentragen. Der dort ist auch ganz unmöglich ein Gott, er hat Tinte an den Fingern. Das ist höchstens ein Büroangestellter in einer Zementfabrik. Nicht einmal diese Herren dort *zwei Herren gehen vorüber* kommen mir wie Götter vor, sie haben einen brutalen Ausdruck wie Leute, die viel prügeln, und das haben die Götter nicht nötig. Aber dort, diese drei! Mit denen sieht es schon ganz anders aus. Sie sind wohlgenährt, weisen kein Zeichen irgendeiner Beschäftigung auf und haben Staub auf den Schuhen, kommen also von weit her. Das sind sie! Verfügt über mich, Erleuchtete! *Er wirft sich zu Boden.*

(Bertolt Brecht, *Der gute Mensch von Sezuan*)

Der Entschlussmonolog zeigt das Ringen einer Figur um eine Entscheidung, die die zukünftige Handlung beeinflusst.

Entschlussmonolog

Abwägen des Für und Wider einer Entscheidung, Entschlussfassung

Beispiel:

FAUST: Nun komm herab, kristallne reine Schale!
Hervor aus deinem alten Futterale,
An die ich viele Jahre nicht gedacht!
Du glänztest bei der Väter Freudenfeste,
Erheitertest die ernsten Gäste,
Wenn einer dich dem andern zugebracht.
Der vielen Bilder künstlich reiche Pracht,
Des Trinkers Pflicht, sie reimweis zu erklären,
Auf *einen* Zug die Höhlung auszuleeren,
Erinnert mich an manche Jugendnacht.
Ich werde jetzt dich keinem Nachbar reichen,
Ich werde meinen Witz an deiner Kunst nicht zeigen;
Hier ist ein Saft, der eilig trunken macht.
Mit brauner Flut erfüllt er deine Höhle.
Den ich bereitet, den ich wähle,
Der letzte Trunk sei nun, mit ganzer Seele,
Als festlich hoher Gruß, dem Morgen zugebracht!
(Er setzt die Schale an den Mund.)

(Johann Wolfgang von Goethe, *Faust. Der Tragödie erster Teil*)

Reflexionsmonolog

Nachdenken über die allgemeine Situation, über ein konkretes Ereignis oder über zukünftige Entscheidungen

Im Reflexionsmonolog denkt eine Figur laut über das nach, was sie gerade bewegt.

Beispiel:

Ich lebte still und harmlos – Das Geschoß
War auf des Waldes Tiere nur gerichtet,
Meine Gedanken waren rein von Mord -
Du hast aus meinem Frieden mich heraus
Geschreckt, in gärend Drachengift hast du
Die Milch der frommen Denkart mir verwandelt,
Zum Ungeheuren hast du mich gewöhnt -
Wer sich des Kindes Haupt zum Ziele setzte,
Der kann auch treffen in das Herz des Feinds.
Die armen Kindlein, die unschuldigen,
Das treue Weib muß ich vor deiner Wut
Beschützen, Landvogt – Da, als ich den Bogenstrang
Anzog – als mir die Hand erzitterte -
Als du mit grausam teufelischer Lust
Mich zwangst, aufs Haupt des Kindes anzulegen -
Als ich ohnmächtig flehend rang vor dir,
Damals gelobt ich mir in meinem Innern
Mit furchtbarm Eidschwur, den nur Gott gehört,
Daß meines *nächsten* Schusses *erstes* Ziel
Dein Herz sein sollte – Was ich mir gelobt
In jenes Augenblickes Höllenqualen,
Ist eine heilge Schuld, ich will sie zahlen.
(Friedrich Schiller, *Wilhelm Tell*)

In einem Konfliktmonolog werden die gedanklichen oder seelischen Zustände einer Person, die sich in einer Konfliktsituation befindet, deutlich.

Konfliktmonolog

Dramatische Steigerung der Reflexion bzw. Erörterung des Für und Wider einer Entscheidung oder einer Handlung

Beispiel:

(Ihm [= dem Prinzen] nachsehend; nach einer Pause): Warum nicht? – Herzlich gern – Ha! ha! ha! – *(Blickt wild umher:)* Wer lacht da? – Bei Gott, ich glaub', ich war es selbst. – Schon recht! Lustig, lustig. Das Spiel geht zu Ende. So, oder so. – Aber – *(Pause)* wenn sie mit ihm sich verstünde? Wenn es das alltägliche Possenspiel wäre? Wenn sie es nicht wert wäre, was ich für sie tun will? – *(Pause)* Für sie tun will? Was will ich denn für sie tun? – Hab ich das Herz, es mir zu sagen? – Da denk' ich so was: So was, was sich nur denken läßt. – Gräßlich! Fort, fort! Ich will sie nicht erwarten. Nein! – *(Gegen den Himmel:)* Wer sie unschuldig in diesen Abgrund gestürzt hat, der ziehe sie wieder heraus. Was braucht er meine Hand dazu? Fort! *(Er will gehen und sieht Emilien kommen:)* Zu spät! Ah! er will meine Hand; er will sie!

(Gotthold Ephraim Lessing, *Emilia Galotti*)

Der Brückenmonolog leitet von einer Handlungsmöglichkeit zu einer anderen über.

Brückenmonolog

Verbindung zweier Handlungsphasen eines Dramas, Markierung eines Einschnitts in die Handlung

Beispiel:

IPHIGENIE *(allein)*. Von dieses Mannes Rede fühl ich mir
Zur ungelegnen Zeit das Herz im Busen
Auf einmal umgewendet. Ich erschrecke! –
Denn wie die Flut mit schnellen Strömen wachsend
Die Felsen überspült, die in dem Sand
Am Ufer liegen: so bedeckte ganz
Ein Freudenstrom mein Innerstes. Ich hielt
In meinen Armen das Unmögliche.
Es schien sich eine Wolke wieder sanft
Um mich zu legen, von der Erde mich
Emporzuheben und in jenen Schlummer
Mich einzuwiegen, den die gute Göttin
Um meine Schläfe legte, da ihr Arm
Mich rettend faßte. – Meinen Bruder
Ergriff das Herz mit einziger Gewalt:
Ich horchte nur auf seines Freundes Rat;
Nur sie zu retten, drang die Seele vorwärts.
Und wie den Klippen einer wüsten Insel
Der Schiffer gern den Rücken wendet: so

Lag Tauris hinter mir. Nun hat die Stimme
Des treuen Manns mich wieder aufgeweckt,
Daß ich auch Menschen hier verlasse, mich
Erinnert. Doppelt wird mir der Betrug
Verhaßt. O bleibe ruhig, meine Seele!
Beginnst du nun zu schwanken und zu zweifeln?
Den festen Boden deiner Einsamkeit
Mußt du verlassen! Wieder eingeschifft,
Ergreifen dich die Wellen schaukelnd, trüb
Und bang verkennest du die Welt und dich.
(Johann Wolfgang von Goethe, *Iphigenie auf Tauris*)

Selbstcharakterisierung
Vermittlung des eigenen Charakters, von Ansichten und Gefühlen des Sprechers

Die Selbstcharakterisierung stellt dem Leser oder Zuschauer eine Figur und ihre Gedanken genauer vor.

Beispiel:

DER PRINZ. Soviel er will! – *(Gegen das Bild.)* Dich hab ich für jeden Preis noch zu wohlfeil. – Ah! schönes Werk der Kunst, ist es wahr, daß ich dich besitze? – Wer dich auch besäße, schönres Meisterstück der Natur! – Was Sie dafür wollen, ehrliche Mutter! Was du willst, alter Murrkopf! Fodre nur! Fodert nur! – Am liebsten kauft' ich dich, Zauberin, von dir selbst! – Dieses Auge voll Liebreiz und Bescheidenheit! Dieser Mund! – Und wenn er sich zum Reden öffnet! wenn er lächelt! Dieser Mund! – Ich höre kommen. – Noch bin ich mit dir zu neidisch. *(Indem er das Bild gegen die Wand drehet.)* Es wird Marinelli sein. Hätt' ich ihn doch nicht rufen lassen! Was für einen Morgen könnt' ich haben!
(Gotthold Ephraim Lessing, *Emilia Galotti*)

Lyrischer Monolog
Ausdrucksstarkes Selbstgespräch, in dem die Figur ihre Gefühle darstellt oder ihre Situation reflektiert.

Im lyrischen Monolog äußert sich eine Figur besonders emotional.

Beispiel:

Sei mir gegrüßt, Vaterlandserde! (Er küßt die Erde) Vaterlandshimmel! Vaterlandssonne! – und Fluren und Hügel und Ströme und Wälder! seid alle, alle mir herzlich gegrüßt! – wie so köstlich wehet die Luft von meinen Heimatgebürgen! wie strömt balsamische Wonne aus euch dem armen Flüchtling entgegen! – Elysium! dichterische Welt! Halt ein Moor! dein Fuß wandelt in einem heiligen Tempel. [...] Die goldne Maienjahre der Knabenzeit leben wieder auf in der Seele des Elenden – da warst du so glücklich, warst so ganz, so wolkenlos heiter – und nun – da liegen die Trümmer deiner Entwürfe!
(Friedrich Schiller, *Die Räuber*)

Im epischen Monolog überdenkt eine Figur mit vielen Emotionen die Situation oder bereits Geschehenes.

Epischer Monolog
Ausführliche Schilderung der Vorgeschichte oder anderer Handlungen, die nicht auf der Bühne dargestellt werden.

Beispiel:

ELISABETH *(tritt aus einer Seitentüre, ihr Gang und ihre Gebärden drücken die heftigste Unruhe aus).*
Noch niemand hier – Noch keine Botschaft – Will es
Nicht Abend werden? Steht die Sonne fest
In ihrem himmlischen Lauf? – Ich soll noch länger
Auf dieser Folter der Erwartung liegen.
– Ist es geschehen? Ist es n i c h t ? – Mir graut
Vor beidem, und ich wage nicht zu fragen!
Graf Leicester zeigt sich nicht, auch Burleigh nicht,
Die ich ernannt, das Urteil zu vollstrecken.
Sind sie von London abgereist – Dann ist's
Geschehn, der Pfeil ist abgedrückt, er fliegt,
Er trifft, er hat getroffen, gält's mein Reich,
Ich kann ihn nicht mehr halten – Wer ist da?
(Friedrich Schiller, *Maria Stuart*)

Typische Dialogarten (→ S. 111) und ihre Funktion

Je nach ihrer Funktion unterscheidet man verschiedene Dialogarten.

Der Dialog ist ein Gespräch zwischen zwei oder mehr Figuren. Auch diese Form der Figurenrede ist vom Autor bewusst gewählt, da sie geeignet ist, eine enorme Bandbreite der Kommunikation wiederzugeben. Typische Dialogarten sind:

Der Entscheidungsdialog ist ein – am Ende konfliktfreies – Gespräch zwischen Figuren zum Zweck der Klärung des weiteren Vorgehens

Entscheidungsdialog
Sachliches Gespräch über einen Sachverhalt, der entschieden werden soll.

Beispiel:

ANTIGONE
Gab Kreon nicht dem einen unsrer Brüder
Des Grabes Ehr' und weigert sie dem anderen?
Eteokles barg er nach Recht und Sitte
Im Schoß der Erde, heißt es, dass er drunten
Bei den Verstorbenen in Ehren steht,
Des Polyneikes armer Leichnam aber,
Darf nicht beweint und nicht begraben werden –
So sei dem Volk befohlen, unbeklagt

Und unbestattet soll man ihn den Vögeln,
Sie lauern schon, zum üppigen Fraße lassen!
Ein solche Gebot hat uns der edle Kreon
Verkündet, dir und mir, du hörst: auch mir.
Und er wird selbst erscheinen, um es allen,
Die es nicht wissen, deutlich anzusagen.
Und damit scherzt er nicht: Wer's dennoch tut,
Der stirbt durch Steinigung vor allem Volk,
So stehts. Nun wirst du zeigen, bist du edel
Geboren oder schlugst du aus der Art.

ISMENE
Verwegne! Wenn es so steht, was kann ich
Dann lösend oder knüpfend daran ändern?

ANTIGONE
Sieh, ob du Müh' und Arbeit teilen willst!

ISMENE
Was für ein Wagnis kommt dir in den Sinn?

ANTIGONE
Ob deine Hand mit mir den Toten birgt.

ISMENE
Begraben willst du ihn, trotz dem Verbot!

ANTIGONE
Ja, meinen Bruder, und versagst du dich,
Auch deinen. Zum Verräter werd ich nicht.

ISMENE
Vermessne! Kreon hat es untersagt!
[...]

ANTIGONE
Das sei dein Vorwand. Aber ich geh hin,
Das Grab dem lieben Bruder aufzuschütten.

ISMENE
Unglückliche! Wie hab ich Angst um dich!

ANTIGONE
Für mich nicht fürchte, bessre dein Geschick.

ISMENE
So halte wenigstens die Tat geheim
Und sag es niemand und auch ich will schweigen.

ANTIGONE
Nein, laut verkünden sollst du's allen Leuten,
Du bist mir viel verhasster, wenn du schweigst!
[…]

ISMENE
Unmögliches soll man auch nicht beginnen.

ANTIGONE
Das sage nicht, sonst müsste ich dich hassen,
Und auch des Toten Hass verdientest du.
Nein, lass du mich und meine Torheit nur
Dies Schreckliche erleiden! Auch das Schlimmste,
Was ich muss leiden, ist ein schöner Tod.

ISMENE
Wenn du's denn willst, so geh. Ich weiß, dein Gang
Ist sinnlos, doch die Lieben liebst du recht.

(Sophokles, *Antigone*)

Der Erkundungsdialog ist ein Gespräch zwischen Figuren zur Klärung eines Sachverhalts.

Erkundungsdialog
Sachliches Gespräch zum Zweck des Meinungsaustausches.

Beispiel:

LADY. Also sahst du sie? Wird sie kommen?
SOPHIE. Diesen Augenblick. Sie war noch im Hausgewand und wollte sich nur in der Geschwindigkeit umkleiden.
LADY. Sage mir nichts von ihr – Stille – wie eine Verbrecherin zittre ich, die Glückliche zu sehen, die mit meinem Herzen so schrecklich harmonisch fühlt – Und wie nahm sie sich bei der Einladung?
SOPHIE. Sie schien bestürzt, wurde nachdenkend, sah mich mit großen Augen an und schwieg. Ich hatte mich schon auf ihre Ausflüchte vorbereitet, als sie mit einem Blick, der mich ganz überraschte, zur Antwort gab: Ihre Dame befiehlt mir, was ich mir morgen erbitten wollte.
LADY *(sehr unruhig)*. Laß mich, Sophie. Beklage mich. Ich muß erröten, wenn sie nur das gewöhnliche Weib ist, und, wenn sie mehr ist, verzagen.
(Friedrich Schiller, *Kabale und Liebe*)

Enthüllungsdialog
Gespräch zwischen Figuren, die etwas aufdecken bzw. vertuschen wollen.

Im Enthüllungsdialog wird ein Sachverhalt offenkundig gemacht.

Beispiel:

SCHWESTER MONIKA *geht zu ihm* Legen Sie sich wieder hin, Professor.
EINSTEIN Sie dürfen mich Albert nennen.
SCHWESTER MONIKA Seien Sie vernünftig, Albert.
EINSTEIN Seien Sie vernünftig, Schwester Monika. Gehorchen Sie Ihrem Geliebten und fliehen Sie! Sonst sind Sie verloren. *Er wendet sich wieder dem Zimmer Nummer 2 zu.* Ich gehe wieder schlafen. *Er verschwindet in Nummer 2.*
SCHWESTER MONIKA Dieser arme irre Mensch.
MÖBIUS Er sollte Sie endlich von der Unmöglichkeit überzeugt haben, mich zu lieben.
SCHWESTER MONIKA Sie sind nicht verrückt.
MÖBIUS Es wäre vernünftiger, Sie hielten mich dafür. Fliehen Sie! Machen Sie sich aus dem Staub! Hauen Sie ab! Sonst muß ich Sie auch noch wie einen Hund behandeln.
SCHWESTER MONIKA Behandeln Sie mich lieber wie eine Geliebte.
(Friedrich Dürrenmatt, *Die Physiker*)

Expositionsdialog
Gespräch, das die Handlungsvoraussetzungen deutlich macht.

Der Expositionsdialog ist ein Gespräch zwischen Figuren, in dem die Voraussetzungen einer Handlung oder einer Situation zur Sprache kommen.

Beispiel:

FRAU HEINECKE *(ist eifrig beschäftigt, die Stube zu säubern).*
FRAU HEBENSTREIT *(durch die Tür rechts).* Es is also wahr? – Ihr Sohn ist da? –
FRAU HEINECKE. Pst! Pst! – Um Jotteswillen! – Er schläft! –
FRAU HEBENSTREIT. Dort in Alma'n ihre Kammer?
FRAU HEINECKE. Ja doch! – Ick weeß nicht mehr, wat ick dhu'. – Mir ist janz wirblig vor lauter Freuden. *(Läßt sich in den Schemel fallen.)*
FRAU HEBENSTREIT. Weiß man's schon drüben ins Vorderhaus?
FRAU HEINECKE. Er hat sich anmelden müssen, weil es doch die Herrschaft ist, und heute wird er eine Fisite machen.
FRAU HEBENSTREIT. Wie lange ist er eigentlich weg gewesen?
FRAU HEINECKE. Sieben – acht – neuneinhalb Jahr. – So lang hab ich mein Kind nicht gesehen. *(Weint.)*
FRAU HEBENSTREIT. Und haben Sie ihn gleich wieder erkannt?
FRAU HEINECKE. I, wo werd ick denn!
(Hermann Sudermann, *Die Ehre*)

Im Konfliktdialog tragen zwei oder mehr Figuren eine Auseinandersetzung aus.

Konfliktdialog
Gespräch, in dem eine Auseinandersetzung ausgetragen wird.

Beispiel:

ILL *kehrt sich um* Man schmückt schon meinen Sarg, Bürgermeister! Schweigen ist mir zu gefährlich.
DER BÜRGERMEISTER Aber wieso denn, lieber Ill? Sie sollten dankbar sein, daß wir über die üble Affäre den Mantel des Vergessens breiten.
ILL Wenn ich rede, habe ich noch eine Chance, davonzukommen.
DER BÜRGERMEISTER Das ist nun doch die Höhe! Wer soll Sie denn bedrohen?
ILL Einer von euch.
DER BÜRGERMEISTER *erhebt sich* Wen haben Sie im Verdacht? Nennen Sie mir den Namen, und ich untersuche den Fall. Unnachsichtlich.
ILL Jeden von euch.
DER BÜRGERMEISTER Gegen diese Verleumdung protestiere ich im Namen der Stadt feierlich.
ILL Keiner will mich töten, jeder hofft, daß es einer tun werde, und so wird es einmal einer tun.
DER BÜRGERMEISTER Sie sehen Gespenster.
ILL Ich sehe einen Plan an der Wand. Das neue Stadthaus? *Er tippt auf den Plan.*
DER BÜRGERMEISTER Mein Gott, planen wird man wohl noch dürfen.
ILL Ihr spekuliert schon mit meinem Tod!
DER BÜRGERMEISTER Lieber Mann, wenn ich als Politiker nicht mehr das Recht hätte, an eine bessere Zukunft zu glauben, ohne gleich an ein Verbrechen denken zu müssen, würde ich zurücktreten, da können Sie beruhigt sein.
ILL Ihr habt mich schon zum Tode verurteilt.
DER BÜRGERMEISTER Herr Ill!
ILL *leise* Der Plan beweist es! Beweist es!
(Friedrich Dürrenmatt, *Der Besuch der alten Dame*)

Bei der Einschüchterung dominiert eine Figur eine andere und kann sie so unter Druck setzen.

Einschüchterung
Unechtes Gespräch, da ein Gesprächspartner den anderen dominiert.

Beispiel:

LICHT: Hm! Die Perücke paßt Euch doch, mein Seel,
Als wär auf Euren Scheiteln sie gewachsen.
Er setzt sie ihm auf.
ADAM: Verleumdung!
LICHT: Nicht?
ADAM: Als Mantel um die Schultern
Mir noch zu weit, wie viel mehr um den Kopf.
Er besieht sich im Spiegel.

RUPRECHT: Ei, solch ein Donnerwetter-Kerl!
WALTER: Still, Er!
FRAU MARTHE: Ei, solch ein blitzverfluchter Richter, das!
WALTER: Noch einmal, wollt *Ihr* gleich, soll *ich* die Sache enden?
ADAM: Ja, was befehlt Ihr?
(Heinrich von Kleist, *Der zerbrochne Krug*)

Aneinandervorbeireden
Unechtes Gespräch, da die Gesprächspartner einander nicht verstehen können.

Figuren reden aneinander vorbei, wenn sie sich nicht verstehen können, z. B. weil sie in unterschiedlichen Wertesystemen verhaftet sind oder unterschiedlichen sozialen Schichten angehören.

Beispiel:

WOYZECK. Wir arme Leut. Sehn Sie, Herr Hauptmann, Geld, Geld. Wer kein Geld hat. Da setz einmal einer seinsgleichen auf die Moral in die Welt. Man hat auch sein Fleisch und Blut. Unseins ist doch einmal unselig in der und der andern Welt, ich glaub' wenn wir in Himmel kämen so müßten wir donnern helfen. HAUPTMANN. Woyzeck Er hat keine Tugend, Er ist kein tugendhafter Mensch. Fleisch und Blut? Wenn ich am Fenster lieg, wenn's geregnet hat und den weißen Strümpfen so nachsehe wie sie über die Gassen springen, – verdammt Woyzeck, – da kommt mir die Liebe. Ich hab auch Fleisch und Blut. Aber Woyzeck, die Tugend, die Tugend! Wie sollte ich dann die Zeit herumbringen? Ich sag' mir immer: Du bist ein tugendhafter Mensch, *(gerührt)* ein guter Mensch, ein guter Mensch.
(Georg Büchner, *Woyzeck*)

Stichomythie
Spannungsreiche Wechselrede, die im klassischen Drama einen gedanklichen (und zugleich dialogischen) Höhepunkt markiert. Die Stichomythie ist ein Stilmittel, bei dem die Dialogpartner entweder eine ganze oder nur jeweils eine halbe Verszeile im schnellen Wechsel sprechen.

Unter Stichomythie versteht man die zeilenweise wechselnde Rede und Gegenrede, die im traditionellen, besonders im klassischen Drama Ausdruck von Erregung ist.

Beispiel:

IPHIGENIE: Dies ist allein der Priest'rin überlassen.
ARKAS: Solch seltnen Fall soll auch der König wissen.
IPHIGENIE: Sein Rat wie sein Befehl verändert nichts.
ARKAS: Oft wird der Mächtige zum Schein gefragt.
IPHIGENIE: Erdringe nicht, was ich versagen sollte.
ARKAS: Versage nicht, was gut und nützlich ist.
IPHIGENIE: Ich gebe nach, wenn du nicht säumen willst.
(Johann Wolfgang von Goethe, *Iphigenie auf Tauris*)

Die Antilabe kennzeichnet ein Rededuell oder einen gehetzten Dialog, indem eine Verszeile auf verschiedene Sprecher aufgeteilt wird.

Antilabe
Steigerung der Stichomythie: Ein Dramenvers wird auf verschiedene Personen, die meist in unvollständigen Sätzen sprechen, verteilt. Im klassischen und modernen Drama verwendet, kennzeichnet die Antilabe ein Rededuell und bewirkt eine deutliche Dynamisierung und eine starke Dramatisierung des Dialogs.

Beispiel:

MORTIMER. Der Großschatzmeister war zu Fotheringhay,
Sogleich nachdem die Unglückstat geschehn war,
Der Königin Zimmer wurden streng durchsucht,
Da fand sich –
LEICESTER. Was?
MORTIMER. Ein angefangner Brief
Der Königin an Euch –
LEICESTER. Die Unglücksel'ge!
(Friedrich Schiller, *Maria Stuart*)

Mischformen

Eine Sonderform der Figurenrede nehmen der dialoghafte Monolog und der monologhafte Dialog ein.

Neben echten Dialogen und Monologen gibt es auch Mischformen. Von einem **dialoghaften Monolog** spricht man, wenn eine Figur sich an eine andere wendet, die gar nicht anwesend ist (z. B. eine Gottheit, die angerufen wird), oder wenn sie mögliche Einwände eines Kontrahenten argumentativ vorwegnimmt. Um einen **monologhaften Dialog** handelt es sich, wenn in einem Gespräch eine Figur der anderen nicht zuhört oder eine Figur, ohne die andere zu beachten, ihre Argumente vorbringt.

Sprechen zum Zuschauer

Manche Formen der Figurenrede dienen vor allem der Information des Zuschauers.

Im Drama gibt es auch Sprechsituationen, deren Informationsgehalt vor allem an den Leser bzw. Zuschauer gerichtet ist:

Das Beiseitesprechen ähnelt dem Monolog, wobei der Sprecher dabei nicht allein auf der Bühne ist.

Beiseitesprechen (à parte sprechen)
Monologisches Sprechen, das über Gedanken, Gefühle oder Handlungsabsichten des Sprechers so informiert, dass es die auf der Bühne anwesenden Personen nicht hören können.

Beispiel:

SCHÜLER. Verzeiht, ich halt Euch auf mit vielen Fragen,
Allein ich muß Euch noch bemühn.
Wollt Ihr mir von der Medizin
Nicht auch ein kräftig Wörtchen sagen?

Drei Jahr ist eine kurze Zeit,
Und, Gott! das Feld ist gar zu weit.
Wenn man einen Fingerzeig nur hat,
Läßt sich's schon eher weiter fühlen.
MEPHISTOPHELES *(für sich)*.
Ich bin des trocknen Tons nun satt,
Muß wieder recht den Teufel spielen.
(Laut.) Der Geist der Medizin ist leicht zu fassen;
Ihr durch studiert die groß' und kleine Welt,
Um es am Ende gehn zu lassen,
Wie's Gott gefällt.
(Johann Wolfgang von Goethe, *Faust. Der Tragödie erster Teil*)

Botenbericht
Dialogisches Sprechen; dient der Information einer Person bzw. des Zuschauers über ein Ereignis, das nicht auf der Bühne gezeigt werden kann, sondern im Hintergrund stattgefunden hat.

Im Botenbericht informiert eine Figur andere Figuren – und damit den Zuschauer – über Vorgänge, die auf der Bühne nicht gezeigt werden konnten.

Beispiel:

Daja eilig herbei. Nathan.

DAJA. O Nathan, Nathan!
NATHAN. Nun? Was gibt's?
DAJA. Er lässt sich wieder sehn! Er lässt sich wieder sehn!
NATHAN. Wer, Daja? wer?
DAJA. Er! Er! [...]
DAJA. Er wandelt unter Palmen wieder auf und ab; und bricht von Zeit zu Zeit sich Datteln.
(Gotthold Ephraim Lessing, *Nathan der Weise*)

Mauerschau (Teichoskopie)
Dialogisches Sprechen; dient der Information einer Person bzw. des Zuschauers über ein Ereignis, das nicht auf der Bühne gezeigt werden kann, aber zeitgleich auf einem fiktiven Nebenschauplatz stattfindet.

Bei der Mauerschau informiert eine Figur andere Figuren – und damit den Zuschauer – über Vorgänge, die zeitgleich stattfinden, aus dramaturgischen Gründen aber nicht auf der Bühne gezeigt werden können.

Beispiel:

DER HAUPTMANN. Eine Schaar von Griechen.
(welche während dessen einen Hügel bestiegen haben).
EIN MYRMIDONIER. *(in die Gegend schauend.)*
Seht! Steigt dort über jenes Berges Rücken,
Ein Haupt nicht, ein bewaffnetes, empor?
Ein Helm, von Federbüschen überschattet?
Der Nacken schon, der mächt'ge, der es trägt?

Die Schultern auch, die Arme, stahlumglänzt?
Das ganze Brustgebild, O seht doch, Freunde,
Bis wo den Leib der gold'ne Gurt umschließt?
DER HAUPTMANN. Ha! Wessen!
DER MYRMIDONIER. Wessen! Träum' ich, ihr Argiver?
Die Häupter sieht man schon, geschmückt mit Blessen,
Des Roßgespanns! Nur noch die Schenkel sind,
Die Hufen, von der Höhe Rand bedeckt!
Jetzt, auf dem Horizonte, steht das ganze
Kriegsfahrzeug da! So geht die Sonne prachtvoll
An einem heitern Frühlingstage auf!
(Heinrich von Kleist, *Penthesilea*)

Der Chor kommentiert das Geschehen und nimmt dabei gleichsam eine Erzählerfunktion wahr, die es sonst im Drama nicht gibt.

Chor(gesang)
Kommentierung des Geschehens oder Erläuterung von Zusammenhängen bzw. Preisgabe von Hintergrundinformation. Der Chor ist ein typisches Gestaltungselement der griechischen Dramen und wurde im deutschen Drama der Klassik neu entdeckt.

Beispiel:

CHOR: Fürwahr, da naht der Gebieter selbst,
In den Armen ein sichtbar Zeugnis –
Darf ich es sagen? – nicht fremden Frevels,
Nein, was er selbst verschuldet!
(Sophokles, *Antigone*)

Monologarten	Dialogarten	Sprechen zum Zuschauer
• Expositionsmonolog • Entschlussmonolog • Reflexionsmonolog • Konfliktmonolog • Brückenmonolog • Selbstcharakterisierung • Lyrischer Monolog • Epischer Monolog	• Expositionsdialog • Erkundungsdialog • Enthüllungsdialog • Entscheidungsdialog • Konfliktdialog • Einschüchterung • Aneinandervorbeireden • Stichomythie • Antilabe	• Beiseitesprechen • Botenbericht • Mauerschau • Chor(gesang)
• dialoghafter Monolog • monologhafter Dialog		

Stilebenen

Im Drama sprechen die Figuren nicht wie im täglichen Leben; ihre Sprache ist stilisiert. Das ist jedoch nicht Selbstzweck, sondern erfüllt eine jeweils genau bestimmte **Intention**.

Stilebene	Kennzeichen	Beispiele
Hoher Stil	• im Drama des 18. und 19. Jahrhunderts häufig verwendet • unterscheidet sich von der Alltagssprache durch Verwendung von Versen, rhetorischen Figuren, pathetischer Sprechweise • dient der Darstellung von hochgestellten Figuren in der Tragödie • betont den Kunstcharakter von Dichtung	Dramen der Klassik wie Schillers *Maria Stuart* oder Goethes *Iphigenie auf Tauris*
Realistischer Stil	• im Drama des 18., 19. und 20. Jahrhunderts verwendet • Verwendung von Alltagssprache • dient der realistischen Darstellung von Figuren aus dem täglichen Umfeld • betont die realistische Darstellung der Verhältnisse	Dramen des Realismus wie Hebbels *Maria Magdalena* oder des 20. Jahrhunderts wie Frischs *Biedermann und die Brandstifter*
Niederer Stil	• im Drama des 19. und 20. Jahrhunderts verwendet • unterscheidet sich von der Alltagssprache durch Verwendung von Umgangssprache, Dialekt und Soziolekt • Verwendung von Ellipsen, Inversionen, Synkopen und Apokopen, Fäkal- und Slangwörtern, einfacher Syntax und beschränkter Wortschatz, Aneinandervorbeireden • dient der Darstellung von sozialen Randexistenzen • betont soziale Ungleichheiten und Ungerechtigkeiten, sozialkritischer Ansatz	Dramen des Realismus wie Büchners *Woyzeck*, des Naturalismus wie Gerhart Hauptmanns *Vor Sonnenaufgang* oder des 20. Jahrhunderts wie Franz Xaver Kroetz' *Oberösterreich*

Die Gestaltung von Raum und Zeit unterstreicht den fiktionalen Charakter des Bühnengeschehens.

Raum- und Zeitgestaltung

Der Zuschauer im Theater weiß, dass die Situation, die er auf der Bühne vorfindet, künstlich ist: Weder die Zeit noch der Ort stimmen mit der Realität überein. So ist jedem Theaterbesucher, der Goethes Drama „Faust I" sieht, bei der Szene „Osterspaziergang" genau bewusst, dass es weder Ostersonntag noch Morgen ist, und dass die Figuren nicht wirklich im Freien spazieren gehen, sondern auf der Bühne agieren.

Durch die Konzeption des Raums steuert der Autor die Zuschauererwartung.

Raumkonzeption und Raumgestaltung

Die Bühne dient als **Raum für Imagination**, der entweder durch gestalterische Mittel, also Ausstattung oder Dekoration, oder durch Aussagen der Figuren der Bühnenkonzeption des Autors angepasst wird. Folgende Raumkonzeptionen (➛ S. 166 ff.), die auch kombiniert werden können, kann man in Dramen finden:

Handlungsraum	
Der Raum, in dem die Dramenhandlung abläuft. Beispiel: Wohnraum und Dachboden in Herrn Biedermanns Haus (in Max Frisch: *Biedermann und die Brandstifter*)	Dachboden und Wohnraum sind zwei Handlungsräume, die möglicherweise zeitgleich zu sehen sind und den Zuschauern Eindrücke vermitteln: vom Leben Biedermanns und von den Aktivitäten der Brandstifter.
Stimmungsraum	
Der Raum, der die Stimmung der Figuren veranschaulicht. Beispiel: Das „hochgewölbte, enge gotische Zimmer" in der Szene „Nacht" aus Goethes Drama *Faust. Der Tragödie erster Teil*	Fausts Stimmung korrespondiert mit dem Raum: Er fühlt sich eingeengt, einsam und niedergeschlagen. Er zweifelt am Sinn seines Tuns, an seinen Fähigkeiten und hegt Selbstmordgedanken.
Lebensraum	
Der Raum, der die Lebensumstände der Figuren veranschaulicht und diese charakterisiert. Beispiel: Das Wohnzimmer der Selickes in Arno Holz' und Johannes Schlafs Schauspiel *Die Familie Selicke*	Das Zimmer zeigt die ärmlichen Verhältnisse, in denen die Familie Selicke lebt.

Symbolraum	
Der Raum, der die Kräfte, die in der Handlung aufeinandertreffen, verdeutlicht. Beispiel: Das Wohnzimmer der Familie Krause aus Gerhart Hauptmanns Drama *Vor Sonnenaufgang*, in dem, wie in der Regieanweisung vermerkt, „moderner Luxus auf bäuerische Dürftigkeit gepfropft“ ist	Familie Krause ist durch Kohlenfunde auf ihrem Land reich geworden. Die Familienmitglieder können mit diesem Reichtum, der in den Regieanweisungen deutlich wird, aber nicht umgehen, sie haben sich mental nicht von ihrem Ursprung gelöst: Vater Krause wird zum Alkoholiker und reißt dadurch die Familie ins Unglück.

Visuelles und verbales Raumkonzept

Autoren haben grundsätzlich folgende zwei Möglichkeiten der Raumgestaltung:

- Festlegung des Raums in den Regieanweisungen (**visuelles Raumkonzept**). In diesem Fall ist klar, was sich der Autor bezüglich einer Inszenierung des Dramas vorgestellt hat. Bei einer Aufführung ist es Sache des Regisseurs, diesem Raumkonzept nachzukommen oder es – aus welchen Gründen auch immer – zu ignorieren.
- Beschreibung des Raums durch die Figuren in Dialogen und Monologen (**verbales Raumkonzept**). In diesem Fall ist neben dem Regisseur, der über das Bühnenbild entscheidet, möglicherweise auch der Zuschauer gehalten, für sich eigene Raumkonzepte zu entwerfen.

Man unterscheidet das visuelle Raumkonzept, also das, was auf der Bühne sichtbar ist, und das verbale Raumkonzept, also das, was über den Raum durch die Figuren ausgesagt wird.

Zeit und Zeitgestaltung

Bei der zeitlichen Gestaltung eines Dramas wird geachtet auf:
- externe Faktoren wie Spielzeit und gespielte Zeit,
- Chronologie der Handlung bzw. Simultanität,
- immanente Faktoren wie die Bedeutung des Handlungszeitpunktes für die Figuren und die symbolische Gestaltung der Zeit.

Das Drama zeigt einen Ausschnitt aus der Wirklichkeit, dessen zeitliche Gestaltung (➤ S. 156 ff.) genau konzipiert sein muss. Der Autor legt dabei folgende Einzelheiten fest:
- das Verhältnis von **Spielzeit** (Dauer der Aufführung) und **gespielter Zeit** (Dauer der Handlung),
- Beibehaltung der **Chronologie der Handlung** bzw. Abweichen davon durch Unterbrechungen oder Zeitsprünge bzw. Zeitraffungen,
- **Simultanität** (gleichzeitige Darstellung von verschiedenen Handlungselementen).

Für die Untersuchung der Zeit im Drama sind außerdem folgende Aspekte wichtig:

Zeitliche Situierung der Handlung:
- **Wann** spielt die Handlung?
- **Welche historische Epoche** bildet den Rahmen für das Bühnengeschehen?
- Ist diese Epoche **realistisch oder stilisiert** dargestellt?

Zeit der Dramenhandlung – Zeit der Aufführung:
- In welchem **zeitlichen Verhältnis** steht das Bühnengeschehen zur Aufführung?
- Entstammt die auf der Bühne dargestellte Situation dem **Erfahrungsbereich der Zuschauer** oder gibt es Verständnisschwierigkeiten?
- Kann sich der Zuschauer mit der dargestellten Situation **identifizieren** oder ist sie ihm fremd?

Bedeutung des Handlungszeitpunkts für die Figuren:
- Welche Bedeutung hat der **Handlungszeitpunkt** für die Figuren?
- Befinden sie sich in einer **persönlichen Krisensituation**?
- Stehen sie an einem **Wendepunkt ihres Lebens**?

Symbolische Bedeutung der Zeit:
- Kommt der Zeit der Dramenhandlung **symbolische Bedeutung** zu?
- Spielt das Geschehen an weltlichen oder kirchlichen **Festtagen**, in **mystischen Momenten** (z. B. Mitternacht, Walpurgisnacht), an **Wendepunkten** des politischen Lebens oder der Menschheitsgeschichte?

Dramatische Gattungen und Formen

Typus	Beschreibung	Beispiele
Absurdes Theater	im 20. Jahrhundert, Darstellung einer sinnentleerten Welt und der Absurdität der menschlichen Existenz, Verzicht auf Handlung, keine echte Kommunikation zwischen den marionettenhaften Figuren	Samuel Beckett: *Warten auf Godot*, Eugene Ionesco: *Die Nashörner*, Wolfgang Hildesheimer: *Die Uhren*, Günter Grass: *Die bösen Köche*
Bürgerliches Trauerspiel	im 18. und 19. Jahrhundert, gesteigertes Selbstbewusstsein des Bürgertums, Kritik an der Ständegesellschaft, Darstellung von Standeskonflikten zwischen Bürgertum und Adel, Orientierung an den ethischen Werten und der Lebensführung des Bürgertums	Gotthold Ephraim Lessing: *Miß Sara Sampson*, Friedrich Schiller: *Kabale und Liebe*, Friedrich Hebbel: *Maria Magdalena*
Dokumentartheater	nach 1945, möglichst unmittelbare Darstellung historischer Ereignisse, Zurücknahme des Autors als Schöpfer, auf der Grundlage authentischer Dokumente wie Gerichtsakten, Protokolle, Interviews	Peter Weiss: *Die Ermittlung*, Heinar Kipphardt: *In der Sache J. Robert Oppenheimer*, Rolf Hochhuth: *Der Stellvertreter*
Experimentelles Drama	nach 1945, der Zuschauer soll über die Wirkungsmöglichkeit des Theaters desillusioniert werden, oft keine Handlung, keine fiktiven Figuren, die Schauspieler sprechen das Publikum von der Bühne herab direkt an (vgl. Sprechstücke)	Peter Handke: *Publikumsbeschimpfung*, *Kaspar*, Ernst Jandl: *Aus der Fremde*

Geschichtsdrama	tatsachengetreue oder in künstlerischer Freiheit bearbeitete Darstellung von geschichtlichen Ereignissen, Stoffen oder Situationen, Akzeptierung der gestalterischen Möglichkeiten des Individuums, Autonomie des Helden, historische Situation als Möglichkeit für existenzielle Grenzerfahrungen	Johann Wolfgang von Goethe: *Götz von Berlichingen*, Heinrich von Kleist: *Prinz Friedrich von Homburg*, Friedrich Schiller: *Wallenstein*, Georg Büchner: *Dantons Tod*, Gerhart Hauptmann: *Die Weber*, Dramen von Peter Hacks und Heiner Müller
Ideendrama	im 18. Jahrhundert zur Zeit der Klassik, Darstellung einer Grundidee, die in einem Charakter veranschaulicht wird, geschlossenes Weltbild als Voraussetzung	Johann Wolfgang von Goethe: *Iphigenie auf Tauris*
Kritisches Volksstück	im 20. Jahrhundert, realistische Darstellung von Figuren aus dem Volk, Thematisierung von Problemen und Missständen, mit denen der Durchschnittsbürger nach 1945 konfrontiert wurde, einfacher Aufbau, klare Handlungsführung, desillusionierte Weltsicht, Verwendung von verfremdeten Elementen des traditionellen Volksstücks, Dialekt als Ausdruck eingeschränkter Wirklichkeitswahrnehmung	Ludwig Thoma: *Magdalena*, Ödön von Horváth: *Geschichten aus dem Wienerwald*, Marieluise Fleißer: *Pioniere in Ingolstadt*, Martin Sperr: *Jagdzeit in Niederbayern*, Franz Xaver Kroetz: *Stallerhof*

Parabelstück	im 20. Jahrhundert, will unterhalten und belehren, vereinfachte Darstellung existierender gesellschaftlicher Phänomene (z. B. Geist und Macht, Macht und Moral, Verantwortung des Einzelnen in der Massengesellschaft)	Bertolt Brecht: *Der gute Mensch von Sezuan*, *Der aufhaltsame Aufstieg des Arturo Ui*, Max Frisch: *Andorra*, Friedrich Dürrenmatt: *Die Physiker*
Sprechstück	nach 1945, Form des experimentellen Theaters, Stück ohne äußere Handlung, ohne Szenenbilder und ohne Requisiten, macht die Sprache selbst zum Inhalt, sprachliche Mittel: Variation, Parodie, Wiederholung, Verfremdung	Peter Handke: *Publikumsbeschimpfung*, *Kaspar*, Ernst Jandl: *Aus der Fremde*

Alle Querverweise im Überblick:

Handlung: S. 75 ➤ S. 77, 95, 137 ff.
Autor: S. 75 ➤ S. 25, 104, 137 f.
Goethe: S. 75 ➤ S. 76
Tragikomödie: S. 78 ➤ S. 79
Komödie: S. 79 ➤ S. 85 ff.
Tragödie: S. 79 ➤ S. 80 ff.
Lessing: S. 80 ➤ S. 81
Ständeklausel: S. 80 ➤ S. 81, 85
Barocke Tragödie: S. 80 ➤ S. 83
Griechische Tragödie S. 80 ➤ S. 83
Bürgerliches Trauerspiel: S. 81 ➤ S. 84
Klassische Tragödie S. 82 ➤ S. 83, 90
Barockkomödie: S. 85 ➤ S. 86
Komödie der Aufklärung: S. 85 ➤ S. 86
Komödie des 20. Jahrhunderts: S. 85 ➤ S. 86
Blankvers: S. 94 ➤ S. 38, 41, 71
Montagetechnik: S. 101 ➤ S. 100, 149, 169, 173
Figur: S. 104 ➤ S. 150 ff.
direkte Charakterisierung: S. 107 ➤ S. 151 ff.
indirekte Charakterisierung: S. 107 ➤ S. 153 ff.
Haupt- und Nebentext: S. 109 ➤ S. 143 ff.
Kommunikation: S. 110 ➤ S. 25, 27
Dialog: S. 111 ➤ S. 116 ff.
Raumkonzeption: S. 126 ➤ S. 166 ff.
Zeitgestaltung: S. 128 ➤ S. 156 ff.

Zusammenfassung:

Drama

Schauspiele haben ihren Ursprung im **antiken Griechenland**. Dort dienten sie kultischen Zwecken. Die **Poetik des Aristoteles** galt im deutschsprachigen Raum noch zu Anfang des 18. Jahrhunderts als normbildend (Lehre von den „drei Einheiten"). Erst unter dem Einfluss **Lessings** wandten sich die Autoren davon ab: Das **bürgerliche Trauerspiel** entstand.

Aus der Antike hat man aber die **Hauptgattungen des Dramas** – **Tragödie, Komödie und Tragikomödie** – übernommen, die bis heute gelten. Daneben gibt es bestimmte Formen, z. B. das Ideendrama und das soziale Drama. Das **moderne Drama** ist ausdifferenziert in episches Theater, Dokumentartheater, absurdes Theater, Sprechstücke usw.

Das traditionelle (aristotelische) Drama ist in drei oder fünf **Akte** und **Szenen** gegliedert und wird dem Typus des **geschlossenen Dramas** zugerechnet; man unterscheidet das **analytische Drama** und das **Zieldrama**. Das moderne Drama ist meist in **Bilder** eingeteilt und folgt damit der Bauform des **offenen Dramas**.

Im Mittelpunkt jedes Dramas steht die **Handlung**, die von Schauspielern auf der Bühne vorgeführt wird. Diese sprechen ihre Rollen in der Form des **Monologs** oder **Dialogs**. Beide Formen der Figurenrede unterscheidet man hinsichtlich ihrer Funktion: Man kennt z. B. den Expositionsmonolog, den Reflexionsmonolog und den Entschlussmonolog bzw. den Erkundungsdialog, den Enthüllungsdialog und den Konfliktdialog. Daneben gibt es Redeformen, die vorwiegend an den Zuschauer gerichtet sind: **Beiseitesprechen**, **Botenbericht**, **Mauerschau** und **Chorgesang**. Die Figurenrede wird auch Haupttext genannt. Mit dem Begriff Nebentext bezeichnet man **Regieanweisungen**, also Hinweise des Autors zur Art der Figurenrede bzw. zur Mimik und Gestik der Schauspieler sowie zu Kostümen, Kulisse und Beleuchtung.

Die **Figuren** eines Dramas werden durch ihr Tun und durch ihre Aussagen bzw. durch die Aussagen anderer Figuren im Haupttext **charakterisiert**. Auch der Nebentext, die **Figurenkonzeption** sowie die **Figurenkonstellation** tragen zu ihrer Charakterisierung bei. Je nach ihrer Gestaltung und ihrer Wichtigkeit für die Haupthandlung unterscheidet man **Charaktere**, die als Handlungsträger fungieren und entsprechend differenziert dargestellt sind, und **Typen**, die nur funktionale Bedeutung haben und oftmals gar keine individuellen Namen tragen.

Wichtig für das Verständnis eines Dramas ist auch die **räumliche Situierung**. So kann der dargestellte Raum z. B. die Funktion eines Handlungsraumes oder eines Stimmungsraumes haben oder es liegt ein symbolhaftes Raumkonzept zugrunde, das erschlossen werden muss.

Gewollte Auswirkungen auf die Handlung hat die **Gestaltung der Zeit**: Je nach Autorintention kann z. B. die Spannung durch die Gestaltung der Spielzeit (im Verhältnis zur gespielten Zeit), eine Abweichung von der Chronologie oder bewusste Simultanität gesteigert oder verzögert werden.

PROSA

Ein Mann hat eine Erfahrung gemacht, jetzt sucht er die Geschichte dazu – man kann nicht leben mit einer Erfahrung, die ohne Geschichte bleibt, scheint es, und manchmal stelle ich mir vor, ein anderer habe genau die Geschichte meiner Erfahrung …

Max Frisch, Mein Name sei Gantenbein

Prosa

In diesem Kapitel erfahren Sie:

- In jedem Prosatext gibt es einen Erzähler, der nicht mit dem Autor identisch ist; er kann als Ich- oder als Er/Sie-Erzähler angelegt sein.
- Die Erzählhaltung differiert zwischen auktorial, personal und neutral, je nachdem, welche Sicht auf die Handlung der Autor bevorzugt. Dabei kann der Text aus der Innen- oder der Außenperspektive gestaltet sein.
- Die Handlung eines Prosatextes wird durch Sprache vermittelt. Man unterscheidet dabei zwischen Erzählerrede und Figurenrede.
- Die Komposition des Textes zeigt sich in der Anordnung der Erzählphasen und der Gestaltung und Verknüpfung der einzelnen Handlungsstränge.
- Die Figuren sind Handlungsträger und werden vom Erzähler oder von anderen Figuren, manchmal auch durch eigene Aussagen charakterisiert. Entscheidend ist ihre Konzeption und ihr Verhältnis zueinander (Personenkonstellation).
- Für das Verständnis eines Prosatextes sind die Gestaltung von Zeit und Ort von Bedeutung.
- Prosatexte unterscheidet man im Hinblick auf ihren Umfang nach kleinen und mittleren Formen sowie Großformen.

Entstehung der Prosaform

Alle erzählenden Texte sind Prosatexte.

Erzählende Texte, auch epische Texte bzw. Prosatexte genannt, begegnen uns überall: In Tageszeitungen und Zeitschriften, als Erzählungen, Kurzgeschichten und Romane. Prosatexte sind in ungebundener Sprache, also nicht in Versform geschrieben. Die Prosaform hat aber erst allmählich die Versform abgelöst.

Die ersten Romane waren in Versform abgefasst.

In der griechischen und römischen **Antike** war es üblich, Romane in Versform zu schreiben. Auch alle höfischen Epen des Mittelalters liegen nur in Versform vor. Erst an der **Wende zur Neuzeit**, als es mehr Menschen gab, die lesen konnten, begann man in Prosa zu schreiben.

Die ersten volkstümlichen Romane, **Volksbücher** genannt, die im 14. und 15. Jahrhundert entstanden sind, wurden dann in Prosa abgefasst.

Prosa wurde erst im 18. Jahrhundert zu einer anerkannten literarischen Gattung – und sie ist es bis heute geblieben.

Erst seit dem **18. Jahrhundert** ist es üblich geworden, Romane in Prosa zu schreiben. Seither wird auch die Prosaform, die bis dahin nur für wissenschaftliche Zwecke verwendet wurde, als literarische Gattung geschätzt.

Um die Mitte des 19. Jahrhunderts wurde die Prosa zur literarischen **Hauptgattung**, was sie bis heute geblieben ist: Bestsellerromane erreichen eine Auflage von mehreren Millionen Exemplaren, sie werden in der Schule gelesen, analysiert und interpretiert und in Fernsehsendungen besprochen.

Erzähler und Erzählerstandpunkt

Autor und Erzählerrolle

Epische Texte sind literarische Texte und keine private Äußerung des **Autors** (➛ S. 25, 75, 104) oder **Schriftstellers**. Darin gleichen sie lyrischen und dramatischen Texten. Zur Darstellung des Geschehens wird eine Erzählerfigur vorgeschoben, die die Gedanken des Autors ausdrücken kann, aber nicht muss. Oft äußern die Erzählerfiguren das Gegenteil von dem, was der Schriftsteller denkt, oft sind die **Erzähler** anderen Geschlechts als ihre Schöpfer, die Autoren: Weibliche Autoren erfinden männliche Erzähler, männliche Autoren weibliche. Selbst ein Ich-Erzähler darf nicht mit dem Autor gleichgesetzt werden.

In jedem epischen Text gibt es einen Erzähler – ähnlich dem Sprecher im Gedicht – der nicht mit dem Autor verwechselt werden darf.

Folgendes Schaubild verdeutlicht die Unterschiede zwischen Autor und Erzähler:

Der Autor	Der Erzähler
• eine real existierende Person • identisch mit dem Verfasser, Schriftsteller • entscheidet sich für eine Geschichte, einen Stoff, den er (oder sie) erzählen will • drückt möglicherweise seine Wertvorstellungen, Gefühle, Vorlieben und Abneigungen in seiner Geschichte aus • Beispiel: Thomas Mann als Autor des Romans *Die Bekenntnisse des Hochstaplers Felix Krull*	• Kunstfigur, vom Autor erfunden, wird oft namentlich nicht genannt • Bestandteil des Textes, gibt die Geschichte aus seiner Perspektive wieder • seine Wertvorstellungen, Gefühle, Vorlieben und Abneigungen dürfen nicht mit denen des Autors gleichgesetzt werden • Beispiel: Felix Krull, der Ich-Erzähler in Thomas Manns Roman *Die Bekenntnisse des Hochstaplers Felix Krull*

Im 17., 18. und noch im 19. Jahrhundert existierte ein allgemein gültiger Wertekanon, der gesellschaftlich verbindlich war. Die Autoren konnten ihre Erzählerfiguren dementsprechend anlegen. Sollte der Erzähler diese allgemein akzeptierten Wertvorstellungen repräsentieren oder sollte er aus der Position des Außenseiters erzählen, der diesen Wertekanon ignoriert oder ihn negiert?

Im 20. Jahrhundert veränderte sich die Rolle des Erzählers.

Im 20. Jahrhundert ist ein Wandel in der **Rolle des Erzählers** feststellbar: Da ein gesellschaftlich verbindlicher Wertekanon nicht mehr existiert, drücken die Erzählerfiguren im modernen Roman (➛ S. 169 ff.) meist nur noch die ihnen zugeschriebene Meinung aus, die nicht mit der des Autors identisch sein muss.

Der Erzähler des 20. und 21. Jahrhunderts geht wesentlich kritischer mit seinem Stoff, aber auch mit sich selbst um, als das bis dahin der Fall war.

Dieser Wandel ist bedingt durch eine **veränderte Selbsteinschätzung** der Autoren: Kaum eine Schriftstellerin oder ein Schriftsteller sieht sich in unserer komplexen Welt noch in der Lage, allgemein gültige Werturteile abzugeben. Bildungs- und Entwicklungsromane, die Hauptgattungen epischer Dichtung im 18. und 19. Jahrhundert, kommen im 20. und 21. Jahrhundert meist nur noch als „Anti-Bildungs-" und „Anti-Entwicklungsromane" vor.

Ich-Erzähler und Er/Sie-Erzähler

Der Ich- bzw. Er/Sie-Erzähler kommt in traditionellen, aber auch in modernen Romanen vor. Seine Schreibhaltung zeugt von hoher Authentizität.

Jede Erzählung ist aus einer bestimmten Erzählhaltung geschrieben, für die sich der Autor aus ganz bestimmten Gründen entscheidet. Entweder er setzt einen Erzähler ein, der aus einer Ich-Perspektive schreibt, oder er lässt eine Figur in der dritten Person Singular (er, sie) zu Wort kommen.

Wählt der Autor die **Ich-Perspektive** (➤ S. 27 f., 138 f.), lässt er den Leser ganz unmittelbar an den Erlebnissen des Ich-Erzählers teilhaben. Er schränkt damit aber den Gesichtskreis des Erzählers ein; dieser sieht andere Figuren nur aus einer Außenperspektive, er kann nicht in sie hineinsehen, z. B. ihre Gedanken kennen und wiedergeben:

Leute, ratet mal, wo ich neuerdings wohne! Im Hinterzimmer von Papas Geschäft. Tatsächlich! Da sitze ich jetzt, im 4. Stock auf dem Fensterbrett, rauche Zigaretten und lasse die Beine in den grünen Hinterhof baumeln. Rundherum auf den Balkonen klappern die Leute mit ihrem Geschirr für das Abendessen, die Vögel zwitschern unter mir in den Ästen, die Kirchturmglocken läuten vor dem Haus. Diese Ruhe zündet richtig rein. Vor allen Dingen, weil ich mein halbes Leben damit verbracht habe, mir das Gezeter von meiner Familie reinzuziehen und aufzupassen, dass die sich nicht gegenseitig umbringen. An diese Stille muss ich mich erst noch gewöhnen. Keiner will was von mir, niemand sitzt heulend auf meiner Bettkante. Ich bin ganz allein. Fast ist es mir ein bisschen zu still.

(Alexa Henning von Lange, *Erste Liebe*)

Möglicherweise setzt der Autor einen **Er/Sie-Erzähler** ein. Dieser ist nicht in die erzählte Welt integriert, er steht außerhalb und beschreibt die Erlebnisse anderer. Er kann oft in die anderen Figuren hineinsehen und auch über deren Gedanken berichten. Oft tritt der Er/Sie-Erzähler völlig hinter dem Geschehen zurück, sodass dem Leser seine Existenz kaum bewusst wird:

Sie spielte mit dem Gedanken an einen weißen Hals nicht erst seit gestern, liebte es, Todesarten, Motive, Opfer und Täter durchzuprobieren, hin und her zu kombinieren, ließ Eifersuchtsdramen in Stürzen von Klippen und wackligen Brücken gipfeln, Streitigkeiten in Zyankali verzucken, hinter jeder Mülltonne lauerte irgendein Triebtäter einer Rotznase auf. Im Herbst konnte sie an keinem Gemüseladen vorbeigehen, ohne in ihrem Pilzgericht zu schwelgen. Man nehme ein leckeres Häufchen Waldchampignons, bereite es nach den Regeln der Kunst mit Speck, saurer Sahne, einem Hauch Knoblauch vielleicht und rüste in einem gesonderten Töpfchen, das niemand niemals zu Gesicht bekommen darf, gleicherweise den tödlich giftigen Pantherpilz, der dem Waldchampignon zum Verwechseln ähnlich sieht. Man versammle seine besten Freunde und seinen liebsten Feind an einem heiteren Oktoberabend zu frischem Zwiebelkuchen und neuem Wein, die Krönung sollte das Pilzgericht sein. Indem das Trüpplein sein Opfermahl selbständig zusammenklaubt, läßt sich der Vorgang verfeinern. Den Giftpilz hält man natürlich im voraus bereit. Alsdann serviere man die Champignons in einer Schüssel, das Giftgericht wird sauber in die Kelle placiert und dem Erwählten mit Gastgeberschwung als Auszeichnung eigenhändig auf den Teller getan.

(Ulla Hahn, *Ein Mann im Haus*)

Ich-Erzähler	Er/Sie-Erzähler
• 1. Person Singular • Eigenständige Figur, die in der Welt der Erzählung greifbar ist. • Blickwinkel des Erzählers ist auf den eigenen Gesichtskreis beschränkt. • Andere Figuren werden aus einer Außenperspektive dargestellt (ihre Gefühle und Gedanken kann das Erzähler-Ich nur erahnen).	• 3. Person Singular • Erzählfigur, die zum Personal des Erzähltextes gehören kann, aber nicht muss. • Wenn der Erzähler außerhalb des Textes situiert ist, kann er unter Umständen aus einer „allwissenden" Perspektive selbst nur Gedachtes berichten (Innenperspektive).

Auktoriales, personales und neutrales Erzählverhalten

Der Autor setzt nicht nur eine Erzählerfigur ein und legt deren Perspektive fest. Er entscheidet auch, aus welchem **Blickwinkel** der Erzähler die Handlung wiedergibt:

- Erzählt er als jemand, der dabei war?
- Oder erzählt er als Beobachter aus weiter Ferne?
- Hat er womöglich so viel Distanz zum Geschehen, dass er mit dem Geschehen spielerisch umgehen und es wiedergeben kann, wie es ihm sinnvoll erscheint?

Das Erzählverhalten kann auktorial, personal oder neutral sein.

Egal, ob ein Ich- oder Er/Sie-Erzähler existiert, folgendes Erzählverhalten (→ S. 142) kann erkennbar sein:

Erzählverhalten	Beschreibung
auktorial	Ein vom Geschehen unabhängiger Erzähler, der kommentierend und wertend in die Handlung eingreift „… allein Echo wäre imstande gewesen, die Erklärung dafür zu verstehen und dem Römer zu übersetzen, daß für die Taubstumme ein Teppich nur so lange von Wert war, solange er wuchs und eingespannt blieb in das Gerüst der Bäume und Schäfte ihres Webstuhls." (Christoph Ransmayr, *Die letzte Welt*)
personal	Der Erzähler steht scheinbar mitten im Geschehen, er nimmt die Sichtweise einer oder mehrerer Figuren ein. Der Leser nimmt das Geschehen aus der Perspektive dieser Figur(en) wahr. „Wie die Luftblasen aus der Wassertiefe nach oben torkeln und steigen, so stiegen aus seinem Inneren Bilder auf, aus der Vergessenheit, und wurden, endlich oben, wieder zu nichts;" (Christoph Ransmayr, *Die letzte Welt*)
neutral	Der Erzähler verzichtet auf jede individuelle Sichtweise, scheinbar objektive Wiedergabe der Geschehnisse. „Der Bus erschien alljährlich nur in den wenigen Wochen zwischen dem Hochsommer und den ersten Stürmen des Herbstes in der eisernen Stadt und war dann zumeist schon mit grölenden Passagieren besetzt." (Christoph Ransmayr, *Die letzte Welt*)

„Was immer Büchern aber zugetraut wird – es kann nicht mächtiger sein als die Sprache selbst: Wo jedes Wort und alles Reden vergeblich bleibt, ist auch Literatur umsonst."

Ransmayr in seiner Rede zur Verleihung des Anton-Wildgans-Preises 1989

CHRISTOPH RANSMAYR (geb. 1954)

- 1954 geboren in Wels / Oberösterreich als Sohn eines Lehrers
- 1972 – 1978: Studium der Philosophie und Ethnologie in Wien
- 1978 – 1982: Kulturredakteur bei der Wiener Zeitschrift Extrablatt, freier Mitarbeiter verschiedener anderer Zeitschriften (Geo, Merian, Transatlantik)
- seit 1982: freier Schriftsteller („Strahlender Untergang. Ein Entwässerungsprojekt oder die Entdeckung des Wesentlichen")
- 1986 – 1988: Elias-Canetti-Stipendium der Stadt Wien
- 1988: „Die letzte Welt" (Roman)
- 1992: Großer Literaturpreis der Bayerischen Akademie der Schönen Künste
- 1995: „Morbus Kitahara" (Roman)
- Christoph Ransmayr lebt in Irland und Wien

Folgendes Schaubild veranschaulicht die Beziehungen zwischen Erzähler, Erzählperspektive und Erzählverhalten:

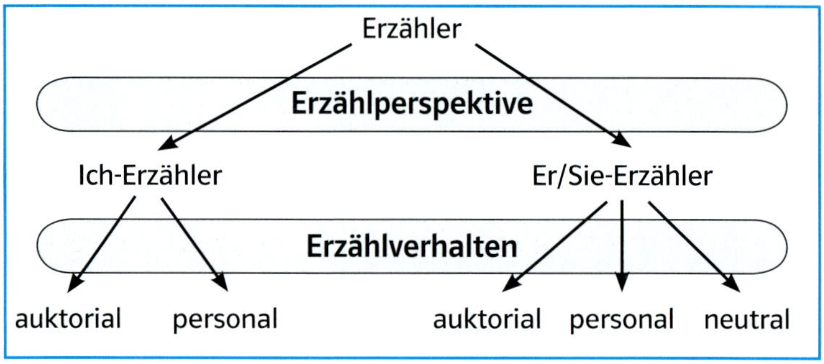

Innen- und Außenperspektive

Der Autor trifft noch eine weitere Entscheidung, die allerdings schon durch die Festlegung des Erzählers und des Erzählverhaltens vorbestimmt ist: Soll die Handlung aus der Innen- oder der Außenperspektive erzählt sein? Wo liegt der **point of view**?

Ein epischer Text kann aus der Innenperspektive erzählt sein, damit wirkt der Text authentisch, der Blickwinkel des Erzählers ist aber eingeschränkt.

Wird eine Geschichte aus der **Innenperspektive** (z. B. durch einen Ich-Erzähler) wiedergegeben, sind Erzähler und Leser am Geschehen so nahe dran, dass möglicherweise jede Distanz zum dargebotenen Stoff fehlt. Gefühle und Empfindungen werden dadurch unmittelbar erfahrbar:

„Gleich stehen sie vor meinem Bett. Gronkwrömmm. Das klingt nach Kieferchirurg, schwerer Eingriff, Kasse zahlt kaum was zu. Ein grauenhaftes Schmirgelgebrumm, und das kann ich nun nicht mehr ignorieren, schließlich kreischt das (was auch immer!) deutlich lokalisierbar direkt vor meiner Wohnungstür. Ich ziehe mir ein T-Shirt an, mache Licht und gucke durch den Tür-Spion. Draußen stehen viele Leute. Es ist ungefähr 2 Uhr nachts, die Leute tragen Uniformen, und ich glaube, gleich steckt der Bohrer oder die Dampframme, oder was immer das ist, direkt in meinem Bauchnabel. Sie klingeln übrigens auch Sturm, das wird aber durch das Gruselwerkzeug weitestgehend übertönt."

(Benjamin von Stuckrad-Barre, *Soloalbum*)

Die **Außenperspektive** beschreibt einen Standort, von dem der Leser – gelenkt durch die Erzählerfigur – auf das Geschehen blickt. Dadurch ergibt sich eine Distanz zum Erzählten, die so groß sein kann, dass von der Geschichte, die erzählt werden soll, kaum noch die Rede ist, sondern z. B. Betrachtungen über das Erzählen und die damit verbundenen Schwierigkeiten angestellt werden:

Ein epischer Text kann auch aus der Außenperspektive erzählt sein, wodurch Empfindungen der Figuren nur eingeschränkt wiedergegeben werden können.

„Etwas erzählen? Aber ich weiß nichts. Gut, also ich werde etwas erzählen. Einmal, es ist schon zwei Jahre her, habe ich ein Eisenbahnunglück mitgemacht, – alle Einzelheiten stehen mir klar vor Augen. Es war keines vom ersten Range, keine allgemeine Harmonika mit ‚unkenntlichen Massen' und so weiter, das nicht. Aber es war doch ein ganz richtiges Eisenbahnunglück mit Zubehör und obendrein zu nächtlicher Stunde. Nicht jeder hat das erlebt, und darum will ich es zum besten geben."

(Thomas Mann, *Das Eisenbahnunglück*)

Erzählerrede und Figurenrede

Die Begriffe Figurenrede und Erzählerrede sind den Begriffen Haupttext und Nebentext, die man aus dem Drama kennt, vergleichbar.

Beim Lesen eines Dramas ist ganz klar, wer gerade spricht: Die Sprecher (→ S. 109 ff.) sind am Zeilenanfang zu Beginn ihrer Rede genannt. In erzählenden Werken ist die **Sprechsituation** nicht so einfach zu durchschauen, es lässt sich jedoch das, was der Erzähler äußert, unterscheiden von dem, was die Figuren sagen.

Die **Erzählerrede** umfasst alle Äußerungen des Erzählers, z. B.:

- **Bericht** als straffe Handlungswiedergabe

  Beispiel: Plötzlich drängte Sabine aus dem Strom der Promenierenden hinaus und ging auf ein Tischchen zu, an dem noch niemand saß. Helmut hatte das Gefühl, die Stühle dieses Cafes seien für ihn zu klein, aber Sabine saß schon. Er hätte auch nie einen Platz in der ersten Reihe genommen. So dicht an den in beiden Richtungen Vorbeiströmenden sah man doch nichts. Er hätte sich möglichst nah an die Hauswand gesetzt. Otto saß auch schon. Zu Sabines Füßen.

  (Martin Walser, *Ein fliehendes Pferd*)

Im Erzählerbericht wird eine Handlung wiedergegeben.

- **Szenische Darstellung** zur unmittelbaren (evtl. zeitdeckenden Wiedergabe) von Handlung

  Beispiel: Wunschgetreu lächelt. „Gestatte eine Frage, Genosse Bienkopp: Hätte die Partei nicht längst zum Sammeln geblasen, wenn sie das wollte, was du tust?" Emma Dürr meldet sich. „Bienkopps Sorgen sind nicht vom Himmel gefallen. Er hat sie von Anton übernommen, das war mein Mann. Hat Bienkopp bisher Schaden gemacht?" Jan Bullert: „Das dicke Ende ist

Die szenische Darstellung in einem Prosatext ähnelt dem Haupttext im Drama.

hinten!“ Emma: „Ist die Partei ein Versicherungsunternehmen? Der Kommunismus ist das größte Experiment seit Adams Zeiten. Das ist von Anton.“ Frieda Simson: „Du mit deinem Anton!“ Emma flink: „So einen such dir erst!“ Maurer Kelle, der Zweimetermann, haut auf den Tisch. „Neuer Kapitalismus darf nicht durch! Ich bin für Anton und Bienkopp!“ „Es lebe der Kolchos!“ Das war Wilm Holten. Frieda Simson gelang's nicht, ihn niederzuhalten. „Es lebe Bienkopp!“

(Erwin Strittmatter, *Ole Bienkopp*)

In einem Kommentar äußert sich ein Erzähler zu allgemeinen Fragen, die aus dem Prosatext entstehen.

- **Kommentar** zu allgemeinen Fragen

Beispiel: Der „Schritt vom Wege“ kam wirklich zustande, und gerade weil man nur noch gute vierzehn Tage hatte (die letzte Woche vor Weihnachten war ausgeschlossen), so strengte sich alles an, und es ging vorzüglich; die Mitspielenden, vor allem Effi, ernteten reichen Beifall. Crampas hatte sich wirklich mit der Regie begnügt, und so streng er gegen alle anderen war, so wenig hatte er auf den Proben in Effis Spiel hineingeredet. Entweder waren ihm von seiten Gieshüblers Mitteilungen über das mit Effi gehabte Gespräch gemacht worden, oder er hatte es auch aus sich selber bemerkt, daß Effi beflissen war, sich von ihm zurückzuziehen. Und er war klug und Frauenkenner genug, um dem natürlichen Entwicklungsgang, den er nach seinen Erfahrungen nur zu gut kannte, nicht zu stören.

(Theodor Fontane, *Effi Briest*)

In einer Reflexion behandelt ein Erzähler allgemeine Fragen, die über den Text hinausreichen.

- **Reflexion** zu allgemeinen Themen

Beispiel: Hiob, das ist der Palast, und das sind die Gärten und die Felder, die du selbst einmal besessen hast. Diesen Wachhund hast du gar nicht einmal gekannt, den Kohlgarten, in den man dich geworfen hat, hast du gar nicht einmal gekannt, wie auch die Ziegen nicht, die man morgens an dir vorbeitreibt und die dicht bei dir im Vorbeiziehen am Gras zupfen und mahlen und sich die Backen vollstopfen. Sie haben dir gehört.

(Alfred Döblin, *Berlin Alexanderplatz*)

In der Beschreibung äußert sich der Erzähler zu einer Person, einem Ort, einer Sache oder Situation.

- **Beschreibung** einer Person, eines Ortes, einer Sache oder einer Situation, während die Handlung scheinbar stillsteht

Beispiel: Im Norden der Grafschaft Ruppin, hart an der mecklenburgischen Grenze, zieht sich von dem Städtchen Gransee bis nach Rheinsberg hin (und noch darüber hinaus) eine mehrere Meilen lange Seenkette durch eine menschenarme, nur hie und da mit ein paar alten Dörfern, sonst aber ausschließlich mit Förstereien, Glas- und Teeröfen besetzte Waldung. Einer der Seen, die diese Seenkette bilden, heißt „der Stechlin“. Zwischen flachen, nur an einer einzigen Stelle steil und kaiartig ansteigenden Ufern

liegt er da, rundum von alten Buchen eingefaßt, deren Zweige, von ihrer eignen Schwere nach unten gezogen, den See mit ihrer Spitze berühren. Hie und da wächst ein weniges von Schilf und Binsen auf, aber kein Kahn zieht seine Furchen, kein Vogel singt, und nur selten, daß ein Habicht darüber hinfliegt und seinen Schatten auf die Spiegelfläche wirft.
(Theodor Fontane, *Der Stechlin*)

Die **Figurenrede** umfasst alle Äußerungen und Gedanken der vorkommenden Figuren, z. B.:

Figurenrede ist in einem epischen Text oft direkte Rede, die in Anführungszeichen stehen kann.

- **direkte Rede**, die oft durch eine Redeankündigung (die so genannte inquit-Formel), Doppelpunkt und Anführungszeichen angekündigt wird

  Beispiel: Bebra lächelte mich an und zeigte tausend feine, kaum sichtbare Fältchen. Der Kellner, der uns den Mokka brachte, war sehr groß. Als Frau Roswitha bei ihm ein Törtchen bestellte, blickte sie an dem Befrackten wie an einem Turm hoch. Bebra beobachtete mich: „Es scheint ihm nicht gut zu gehen, unserem Glastöter. Wo fehlt es, mein Freund? Will das Glas nicht mehr oder mangelt's an Stimme?"
  (Günter Grass, *Die Blechtrommel*)

- **indirekte Rede**, bei der der Erzähler die Äußerungen einer Figur unter Verwendung des Konjunktivs referiert

  Figurenrede kann auch als indirekte Rede gestaltet sein.

  Beispiel: Der Roßkamm versicherte, daß er siebzehn Mal in seinem Leben, ohne einen solchen Schein, über die Grenze gezogen sei; daß er alle landesherrlichen Verfügungen, die sein Gewerbe angingen, genau kennte; daß dies wohl nur ein Irrtum sein würde, wegen dessen er sich zu bedenken bitte, und daß man ihn, da seine Tagereise lang sei, nicht länger unnützer Weise hier aufhalten möge.
  (Heinrich von Kleist, *Michael Kohlhaas*)

- **erlebte Rede** (3. Person Singular, Präteritum, Indikativ, Hauptsatzwortstellung; grammatikalisch nicht vom Erzählerbericht zu unterscheiden)

  In epischen Texten des 20. und 21. Jahrhunderts findet man auch häufig die erlebte Rede.

  Beispiel: Karin beunruhigte nur die Resignation, die sie befiel, weil sie in ihrer eigensten Sache nicht gefragt worden war. Sie spürte eine ungewohnte, exotische Versuchung – sich vom gesellschaftlichen Leben abzukehren, ihre Ideale zu vergessen, ihre Aufgaben wegzuwerfen. Und in die bekannte Gleichgültigkeit zu fallen, die politische Abstinenz, die sie sonst verachtet hatte. Würde ihr das vielleicht helfen? Ein Urlaub von der Welt. Wie eine Schlaftherapie, ein Schlaf des Bewußtseins. Sie wußte nicht, was mit ihr werden sollte. Sie war von dem vielen Überlegen so erschöpft und getroffen, sie wollte nichts mehr wissen, nichts mehr verstehn. Sie kam

sich vor wie verletzt, wie verrenkt an allen Gliedern.
(Volker Braun, *Unvollendete Geschichte*)

Unter dem Einfluss der Psychoanalyse entstand zu Beginn des 20. Jahrhunderts der innere Monolog.

- **innerer Monolog** (1. Person Singular, Präsens, Indikativ)

Beispiel: Wie lange wird denn das noch dauern? Ich muß auf die Uhr schauen ... schickt sich wahrscheinlich nicht in einem so ernsten Konzert. Aber wer sieht's denn? Wenn's einer sieht, so paßt er gerade so wenig auf, wie ich, und vor dem brauch' ich mich nicht zu genieren... Erst viertel auf zehn? ... Mir kommt vor, ich sitz' schon drei Stunden in dem Konzert. Ich bin's halt nicht gewohnt. ... Was ist es denn eigentlich? Ich muß das Programm anschauen ... Ja, richtig: Oratorium? Ich hab' gemeint: Messe. Solche Sachen gehören doch nur in die Kirche ...
(Arthur Schnitzler, *Leutnant Gustl*)

Der Bewusstseinsstrom ist eine Steigerung des inneren Monologs, bei dem auch äußere Eindrücke aus der Sicht des Erzählers mit grammatikalischen und syntaktischen Fehlern wiedergegeben werden.

- **Bewusstseinsstrom** (engl. stream of consciousness) (die Gedanken, Gefühle und Sinneseindrücke werden so genau wie möglich wiedergegeben; grammatikalische und syntaktische Fehler werden deshalb beibehalten)

Beispiel: es geht doch nichts über so einen Kuß lang und heiß geht einem runter bis in die Seele ja lähmt einen fast und dann kann ich diese ganze Beichterei auf den Tod nicht ausstehen wie ich immer zu Pater Corrigan gegangen bin er hat mich angefaßt Pater na wenn schon was ist denn dabei und er gleich wo und ich wie ein richtiges Doofchen als Antwort am Kanalufer aber ich meine doch wo an deinem Körper mein Kind am Bein hinten oben ja ziemlich hoch oben wars dort wo du sitzt etwa ja o mein Gott konnte er nicht einfach Hintern sagen.
(James Joyce, *Ulysses*)

Komposition epischer Texte

Anordnung der Erzählphasen

Nicht alle Handlungsteile (→ S. 75 ff., 95, 148 ff.) sind gleich wichtig. Die Autoren müssen deshalb genau abwägen, welche Episoden sie in den Vordergrund rücken und ausführlich darstellen, welche sie eher nebenbei behandeln und welche sie ganz weglassen.

Prosatexte sind Werke von Autoren, die auch bezüglich der Abfolge der Darstellung genau durchdacht sind.

Die gleichgewichtige, chronologische Behandlung aller Erzählphasen führt zu einer **linearen Struktur**, bei der ein Ereignis (Episode) neben dem anderen steht.

Manche Prosatexte sind chronologisch aufgebaut, …

Episode 1 → Episode 2 → Episode 3 → Episode 4 usw.

Denkbar ist auch, dass ein Autor zum Zweck der Spannungssteigerung einzelne Episoden besonders hervorhebt, andere vernachlässigt, z. B.:

Episode 1 → fehlt → Episode 3 → Episode 4 → usw.

Auch ein **diskontinuierliches Erzählen** mit verdrehter Reihenfolge, also ein Abweichen von der Chronologie der Ereignisse, ist möglich:

… in anderen wird bewusst von der Chronologie abgewichen.

Episode 1 → Episode 5 → Episode 2 → Episode 4 → usw.

Damit kann ein Autor ganz besondere Wirkungen erzielen, z. B. Spannungssteigerung, Spannungsverzögerung, Vorwegnahme des Schlusses, Information des Lesers (im Gegensatz zur Information der Hauptfigur, etwa im Kriminalroman). Mittel des diskontinuierlichen Erzählens sind Vorausdeutungen, Rückblenden, Einschübe oder Auslassungen.

Handlungsstränge

Längere erzählende Texte verfügen meist über verschiedene Handlungsstränge, wobei man Haupt- und Nebenhandlungen unterscheiden kann.

In komplexen epischen Texten, z. B. in längeren Erzählungen und Romanen, gibt es verschiedene Handlungsstränge. Diese können parallel nebeneinander herlaufen, sie können aber auch unterschiedliches Gewicht haben und deshalb vom Autor bevorzugt behandelt oder vorübergehend vernachlässigt werden. Wenn dies der Fall ist, spricht man von **Haupt- und Nebenhandlungen**.

Beispiel: Die Haupthandlung in Max Frischs Roman „*Homo faber*" ist die Liebesbeziehung von Walter Faber zu seiner (ihm unbekannten) Tochter Elisabeth, eine Nebenhandlung ist die Bekanntschaft mit Herbert Hencke. Dabei ist die Nebenhandlung nicht unwichtig, zeigt sie doch Fabers allgemeines Desinteresse an seinen Mitmenschen, die er auf ihre Funktion (bei Herbert Hencke das Schachspielen) reduziert.

Haupt- und Nebenhandlungen bedingen einander.

Für **Haupt- und Nebenhandlungen** gilt:

- sie stehen meist in einem engen Verhältnis zueinander,
- oft erläutern die Nebenhandlungen die Haupthandlung,
- oft ermöglichen die Nebenhandlungen die Vorgänge der Haupthandlung,
- manchmal dienen Nebenhandlungen der Charakterisierung der Figuren,
- Nebenhandlungen können auch als Kontrasthandlungen gestaltet sein.

Zusammengehalten werden die einzelnen Handlungsstränge, Haupt- und Neben- oder Kontrasthandlungen, oft durch eine Rahmenhandlung, besonders in Novellenzyklen.

Verknüpfung von Handlungsteilen

Die einzelnen Teile einer Handlung werden in Prosatexten durch die Hauptfigur, ein Leitmotiv, ein Dingsymbol oder durch Montage zentraler Motive zusammengehalten.

Um die einzelnen Episoden sinnvoll aneinanderzuknüpfen, benützen die Autoren verschiedene Techniken. Möglich sind Verknüpfungen über:

- die **Hauptfigur**, den Helden, die in allen Handlungssträngen eine zentrale Rolle spielt. Dies ist eine sehr häufige Verknüpfungstechnik (auch im Unterhaltungs- und Jugendroman), die oft schon aus dem Titel ersichtlich ist.

  Beispiel: Harry Potter und der Stein der Weisen, Harry Potter und die Kammer des Schreckens usw.

- ein **Leitmotiv** (→ S. 13, 96, 179, 180). Dabei handelt es sich um ein Motiv oder einen Motivkomplex, der in allen Teilen des Erzähltextes eine wichtige Rolle spielt.

  Beispiel: die Augen (in der Erzählung „*Der Sandmann*" von E.T.A. Hoffmann)

- ein **Dingsymbol** (➝ S. 180). Dabei handelt es sich um ein Lebewesen oder eine Sache, die eine symbolische Wirkung besitzen und im Erzähltext immer wieder an zentralen Stellen auftauchen.

  Beispiel: die Buche, die in Annette von Droste-Hülshoffs Erzählung *„Die Judenbuche"* für das Unheil steht

- Auch die **Montage** (➝ S. 101, 169 ff., 173) bzw. **Collage** von Elementen, die die Handlung bestimmen, können als Mittel der Verknüpfung verstanden werden. Besonders im modernen Roman finden sie Verwendung.

  Beispiel: Das Großstadt-Motiv wird durch die Montage von Elementen, die für Großstädte typisch sind, auf immer neue Weise hervorgehoben, z. B. durch Zitate von Zeitungsschlagzeilen, durch Reklametexte, durch Annoncen oder durch die Nennung von Straßennamen.

Innere und äußere Handlung (➝ S. 75 ff., 137 ff.)

Im Roman der Gegenwart schildern die Autoren oft die Vorgänge in den Figuren (Gedanken, Gefühle, Motivation für ihr Tun usw.), also die innere Handlung. Doch auch die äußere Handlung, das Geschehen, das dem Text Spannung verleiht, ist wichtig.

Die innere Handlung zeigt die geistige, seelische oder moralische Entwicklung einer Figur, die äußere Handlung zeigt das Geschehen.

Bis zum Beginn des 20. Jahrhunderts stand die Darstellung der äußeren Handlung im Vordergrund. Erst unter dem **Einfluss der Psychologie** begannen die Autoren sich für die Tiefenstruktur eines literarischen Textes, d. h. für die Bewusstseinslage der Figuren zu interessieren und diese zu beschreiben.

Äußere Handlung	Innere Handlung
Darstellung sichtbarer Vorgänge Darstellung der „Handlung", des „Plots"	Darstellung der geistigen, seelischen und moralischen Entwicklung einer Figur Darstellung des Themas, des Problems
• Die Höhepunkte der inneren und der äußeren Handlung müssen nicht zusammenfallen. • Äußere und innere Handlung können sich ergänzen, gegenseitig erhellen oder im Kontrast zueinander stehen.	

Arthur Schnitzler verwendete in seiner Erzählung „Leutnant Gustl" erstmals in der deutschen Literatur den inneren Monolog zur Darstellung der inneren Handlung.

Besonders ausgeprägt ist die Darstellung der inneren Handlung in Arthur Schnitzlers Erzählung „*Leutnant Gustl*" (1900): Nach einem Konzert kommt es zwischen Leutnant Gustl und dem Bäckermeister Habetswallner zu einer kurzen, hitzigen Auseinandersetzung, bei der der Bäckermeister Gustl beleidigt. In seiner Ehre verletzt und ohne die Möglichkeit, „Satisfaktion" durch ein Duell zu fordern, sieht der Leutnant seinen Selbstmord als einzige Möglichkeit, nicht in „Schande" leben zu müssen. Als Gustl vom plötzlichen Herztod des Bäckers erfährt, empfindet er dies als „Mordsglück", da er weiterleben kann und seine Ehre vor der Gesellschaft unangetastet bleibt.

Schnitzler verwendet zur Darstellung der gedanklich-seelischen Vorgänge des Leutnants – seiner Befürchtungen, seiner Verzweiflung, seines Glücksgefühls – erstmals in der deutschen Literatur den **inneren Monolog**. Dieser ermöglicht eine vertiefte Innenschau unter Vernachlässigung der äußeren Handlung.

Die Darstellung der Figuren

Den Figuren kommt in epischen Texten eine wichtige Funktion zu.

In Prosatexten handeln Figuren (→ S. 104 ff.). Sind sie die Träger der Handlung, spricht man von Hauptfiguren, andernfalls treten sie nur als Nebenfiguren in Erscheinung. Von besonderer Wichtigkeit ist – wenn es ihn überhaupt gibt – der Held, in modernen Romanen oft der Antiheld. Wegen ihrer Bedeutung sollten die Figuren in jedem Prosatext genauer untersucht werden. Gefragt werden kann nach

- der **Figurenkonzeption**,
- der **Charakterisierung** und
- der **Personenkonstellation**.

Konzeption der Figuren

Die Konzeption der Figuren ist durch den Autor festgelegt.

Bei der Untersuchung der Figurenkonzeption kann folgenden Fragen nachgegangen werden:

- Wie ist die **Hauptperson**, wie sind die **Nebenfiguren** vom Autor angelegt? Das ist die Frage, wenn es um die Konzeption der Personen geht.
- Sind sie als Individuen angelegt, die sich im Verlauf der Handlung verändern? Sind die Figuren lern- und wandlungsfähig? Handelt es sich also um **statische** oder um **dynamische Persönlichkeiten**?
- Sind die Figuren mit vielen individuellen Eigenschaften ausgestattet oder sind sie auf wenige Merkmale reduziert? Handelt es sich um **komplexe Figuren** oder um **Typen**?
- Sind die Verhaltensweisen der Figuren nachvollziehbar oder sind sie für den Leser unverständlich? Handelt es sich also um **geschlossene** oder **offene Figuren**?

Charakterisierung

Nicht alle Figuren, die in einer Erzählung oder in einem Roman auftreten, wirken auf den Leser gleichermaßen sympathisch. Das liegt nicht nur an den persönlichen Vorlieben des Lesers für bestimmte Verhaltensweisen, eine bestimmte Lebenseinstellung oder das Aussehen von anderen. Es liegt vor allem daran, wie dem Leser eine Figur nahegebracht und beschrieben wird, mit welchen Attributen sie ausgestattet und wie sie charakterisiert ist.

Figuren werden durch den Erzähler, durch sich selbst oder durch andere Figuren beschrieben, also charakterisiert.

Charakterisierungen von Figuren (➢ S. 104 ff., 150) können sehr detailliert sein. Der Leser kann Einzelheiten erfahren zu

- **dem Äußeren der Figur**, z.B. Geschlecht, Alter, Aussehen, Körperbau, Größe, Frisur, Haarfarbe, Kleidung,
- **sozialen Merkmalen**, z.B. soziale Herkunft, Schullaufbahn, Ausbildung, Beruf, soziale Stellung, gesellschaftliche Beziehungen, soziale Integration,
- **individuellen Besonderheiten**, z.B. Sprechweise, auffällige Gewohnheiten, typische Verhaltensmuster, ungewöhnliche Gestik, Mimik oder Körpersprache.

Die Charakterisierung einer Figur kann auf verschiedene Arten erfolgen:

- **direkte Charakterisierung** (➢ S. 107 ff.): kommt entweder in der Außenperspektive (durch den auktorialen Erzähler) oder in der Innenperspektive (durch die Figur selbst oder durch andere Figuren) vor.

Man unterscheidet die direkte Charakterisierung, bei der die Eigenheiten einer Figur unmittelbar angesprochen werden …

Direkte Charakterisierung	
• durch den Erzähler, der sie vorstellt, beschreibt, ihr Verhalten bewertet, ihre Beziehung zu anderen Figuren erläutert, ihre intellektuellen Fähigkeiten und ihre emotionalen Kräfte einschätzt usw.	John Franklin war schon zehn Jahre alt und noch immer so langsam, daß er keinen Ball fangen konnte. Er hielt für die anderen die Schnur. Vom tiefsten Ast des Baums reichte sie herüber bis in seine emporgestreckte Hand. Er hielt sie so gut wie der Baum, er senkte den Arm nicht vor dem Ende des Spiels. Als Schnurhalter war er geeignet wie kein anderes Kind… (Sten Nadolny, *Die Entdeckung der Langsamkeit*)

• durch die Darstellung des Äußeren (Aussehen, Körperbau, Kleidung, Frisur, Gesamteindruck)	Effi trug ein blau und weiß gestreiftes, halb kittelartiges Leinwandkleid, dem erst ein fest zusammengezogener, bronzefarbener Ledergürtel die Taille gab; der Hals war frei, und über Schulter und Nacken fiel ein breiter Matrosenkragen. In allem, was sie tat, paarte sich Übermut und Grazie, während ihre lachenden braunen Augen eine große, natürliche Klugheit und viel Lebenslust und Herzensgüte verrieten. Man nannte sie die „Kleine", was sie sich nur gefallen lassen mußte, weil die schöne, schlanke Mama noch um eine Handbreit höher war. (Theodor Fontane, *Effi Briest*)
• durch andere Figuren, die über sie sprechen, sie loben, kritisieren, mit anderen vergleichen, bewerten, ihre Verhaltensweisen nachahmen, ihre Gefühle respektieren bzw. ignorieren usw.	Und erst ihre Eltern! Der Vater, der so dumm war und samstags immer betrunken vor dem Fernseher lag, schnarchend und mit offenem Mund, schon beim aktuellen Sportstudio, und der sonntags dann ballonseiden Tennis spielen fuhr. Mit dem BMW und ohne den Hauch einer Chance – gegen seine Tochter, seinen Bauch, meinen Haß. Er ist weg, ich muß ihn nie wieder sehen, nie wieder mit ihm gequält konversieren, es ist aus, vorbei, auch die fette Kuchenfreßmama ist somit weg und mit ihr der viel zu gut gepflegte Teppichboden und die Zinnkanone im sündteuren und abgrundtief häßlichen Einbauscheiß, wegwegweg. (Benjamin von Stuckrad-Barre, *Soloalbum*)
• durch Selbstäußerungen – entweder in Worten oder durch Gedankenwiedergabe (z. B. durch inneren Monolog oder Bewusstseinsstrom)	Ich glaube nicht an Fügung und Schicksal, als Techniker bin ich gewohnt mit den Formeln der Wahrscheinlichkeit zu rechnen. Wieso Fügung? Ich gebe zu: Ohne die Notlandung in Tamaulipas (26. III.) wäre alles anders gekommen; ich hätte diesen jungen Hencke nicht kennen gelernt, ich hätte vielleicht nie wieder von Hanna gehört, ich wüsste heute noch nicht, dass ich Vater bin. Es ist nicht auszudenken, wie anders alles gekommen wäre ohne diese Notlandung in Tamaulipas.

	Vielleicht würde Sabeth noch leben. Ich bestreite nicht: Es war mehr als ein Zufall, dass alles so gekommen ist, es war eine ganze Kette von Zufällen. Aber wieso Fügung? Ich brauche, um das Unwahrscheinliche als Erfahrungstatsache gelten zu lassen, keinerlei Mystik; Mathematik genügt mir. (Max Frisch, *Homo faber*)

- **indirekte Charakterisierung** (➛ S. 107): durch den Erzähler oder durch das Handeln oder Verhalten einer Figur

… und die indirekte Charakterisierung, die die Eigenheiten einer Figur durch ihr Tun oder die Reaktionen anderer hervorhebt.

Indirekte Charakterisierung	
• durch die Beschreibung des Verhaltens	Stumm klammerte sie sich an den Besinnungslosen, als er sie unter seinen Körper zwang, krallte sich an ihm fest wie an ein anspringendes Tier, dem sie etwas von seiner blindwütigen Bewegungsfreiheit nehmen wollte, und hörte sein Keuchen an ihrem Ohr schon nicht mehr, achtete mit geschlossenen Augen nur noch auf das Rauschen des Regens und auf das tief darin verborgene Kollern eines Truthahns aus dem Hühnerhof des Nachbarn, verlor sich in dieser fernen, lächerlichen Vogelstimme und empfand, als sie aus dieser Ferne wieder zu sich kam, daß Cotta nicht anders als ein Viehhirt oder Erzkocher der eisernen Stadt war, als irgendeiner ihrer Liebhaber, die sich aus der Alltäglichkeit zu ihr flüchteten, um im Schutz der Nacht zu verwildern. Erst jetzt, als die betäubende Wirkung des Regens und der Vogelstimme nachließ und sie der Schmerz der Enttäuschung ergriff, daß auch dieser Römer nur einer von vielen und roh wie die meisten war, versuchte sie, ihn von sich zu stoßen, und schrie. (Christoph Ransmayr, *Die letzte Welt*)

• durch die Beschreibung besonderer Eigenheiten	Mein Vater empfing den Coppelius feierlich. „Auf! – zum Werk“, rief dieser mit heiserer, schnarrender Stimme und warf den Rock ab. Der Vater zog still und finster seinen Schlafrock aus und beide kleideten sich in lange schwarze Kittel. Wo sie die hernahmen, hatte ich übersehen. Der Vater öffnete die Flügeltür eines Wandschranks; aber, ich sah, dass das, was ich so lange dafür gehalten, kein Wandschrank, sondern vielmehr eine schwarze Höhlung war, in der ein kleiner Herd stand. Coppelius trat hinzu und eine blaue Flamme knisterte auf dem Herde empor. Allerlei seltsames Geräte stand umher. Ach Gott! – wie sich nun mein alter Vater zum Feuer herabbückte, da sah er ganz anders aus. Ein gräßlicher krampfhafter Schmerz schien seine sanften ehrlichen Züge zum hässlichen widerwärtigen Teufelsbilde verzogen zu haben. Er sah dem Coppelius ähnlich. Dieser schwang die glutrote Zange und holte damit hell blinkende Massen aus dem dicken Qualm, die er dann emsig hämmerte. Mir war es als würden Menschengesichter ringsumher sichtbar, aber ohne Augen scheußliche, tiefe schwarze Höhlen statt ihrer. „Augen her, Augen her!“ rief Coppelius mit dumpfer dröhnender Stimme. Ich kreischte auf von wildem Entsetzen gewaltig erfasst und stürzte aus meinem Versteck heraus auf den Boden. (E.T.A. Hoffmann, *Der Sandmann*)
• durch die Charakterisierung durch andere Figuren	Plötzlich stand ein zierlicher junger Mann vor ihrem Tisch. In Blue jeans. Ein blaues Hemd, das offen war bis zu dem ungefärbten Gürtel, in den Zeichen eingebrannt waren. Und neben dem ein Mädchen, das durch die Jeansnaht in zwei deutlich sichtbare Hälften geteilt wurde. Wie sie, wohin man schaute, geländehaft rund und sanft war, war er überall senkrecht, durchtrainiert, überflußlos.

	Auf der tiefbraunen Brust hatte er nur ein paar goldblonde Haare, aber auf dem Kopf einen dicht und hoch lodernden Blondschopf. Wahrscheinlich ein ehemaliger Schüler, dachte Helmut. Das passiert einem ja leider immer wieder, daß man von ehemaligen Schülern oder Schülerinnen angesprochen wird. (Martin Walser, *Ein fliehendes Pferd*)

Personenkonstellation

Die Figuren in literarischen Texten stehen nicht isoliert da. Ähnlich wie Menschen im wirklichen Leben befinden sie sich in einem **Geflecht von Beziehungen und Abhängigkeiten**, sei es durch ihren Beruf oder ihre gesellschaftlichen oder privaten Beziehungen. Doch welche Beziehungen sind das? Das folgende Schaubild soll dies verdeutlichen:

Die Personenkonstellation zeigt die Figur in ihrem Beziehungsgeflecht.

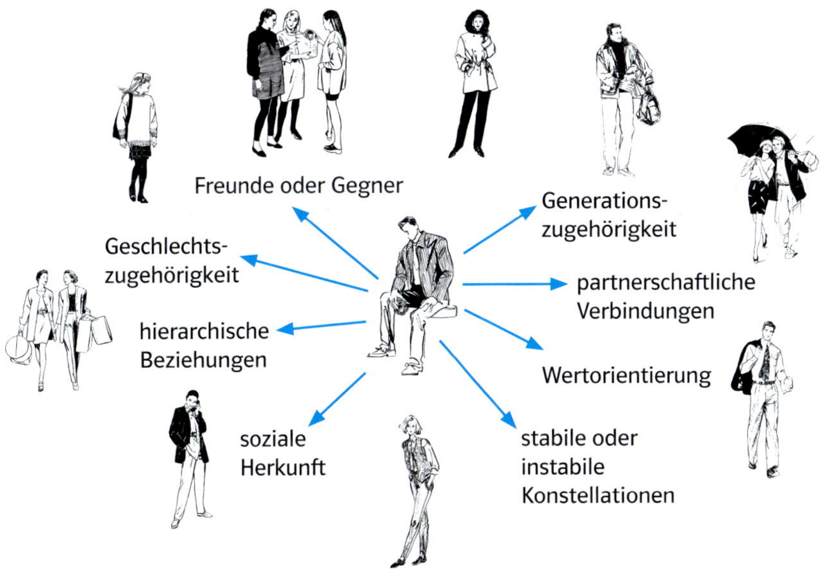

Bedeutung der Zeit und Zeitgestaltung

Der Begriff Zeit hat für epische Texte mehrfache Bedeutung: Wie ist die Zeit der Handlung gestaltet und wie ist die erzählte Zeit arrangiert?

Der Begriff Zeit (➤ S. 128 ff.) hat im Hinblick auf literarische Texte eine mehrfache Bedeutung: Wann wurde der Text verfasst? Welche Rolle spielt die Entstehungszeit für den Text? Wann wird der Text rezipiert? Wie prägt die Zeit, in der er gelesen wird, das Verständnis? Die Zeit ist gleichsam die Folie, vor der sich die Handlung abspielt, und deshalb für die Interpretation von besonderer Bedeutung.

Daneben arrangiert der Autor die Zeit in seinem Text. Wie er das tut, ist eine Frage der **Erzähltechnik**: Erzählt er linear, chronologisch, gibt es Zeitsprünge, was wird ausführlich erzählt, was weggelassen?

Anfang und Schluss

Für die Gestaltung des Erzählanfangs gibt es mehrere Möglichkeiten: das Vorwort, die chronologische Entfaltung der Handlung, den Einstieg mitten im Geschehen und den Einstieg vom Ende her.

Jede Geschichte, die ein Autor beschreibt, ist ein Ausschnitt aus einer realen oder fiktiven Welt. Doch dieser Ausschnitt kann nicht willkürlich gewählt werden, deshalb muss der Autor seine Geschichte konzipieren. Er muss einen passenden **Anfang** finden, der seinen Intentionen gerecht wird. Soll der Leser gefesselt oder überrascht, mit scheinbar Bekanntem oder mit völlig Neuem konfrontiert werden? Soll er erst langsam an die Handlung herangeführt werden oder soll der Text mitten im Geschehen einsetzen?

Typische Anfangssituationen		
Vorwort	In einem Vorwort führt der Erzähler oft zu seiner Geschichte hin, etwa indem er die Themenwahl begründet.	Gestern wird sein, was morgen gewesen ist. Unsere Geschichten von heute müssen sich nicht jetzt zugetragen haben. Diese fing vor mehr als dreihundert Jahren an. Andere Geschichten auch. So lang rührt jede Geschichte her, die in Deutschland handelt. Was in Telgte begann, schreibe ich auf, weil ein Freund, der im siebenundvierzigsten Jahr unseres Jahrhunderts seinesgleichen um sich versammelt hat, seinen 70. Geburtstag feiern will; dabei ist er älter, viel älter – und wir, seine gegenwärtigen Freunde, sind mit ihm alle aschgrau von dazumal. (Günter Grass, *Das Treffen in Telgte*)

Chronologische Entfaltung des Geschehens von seinem Anfang an	In chronologisch erzählten Geschichten nimmt sich der Erzähler meist ganz zurück und lässt scheinbar der Handlung ihren Lauf.	John Franklin war schon zehn Jahre alt und noch immer so langsam, daß er keinen Ball fangen konnte. Er hielt für die anderen die Schnur. (Sten Nadolny, *Die Entdeckung der Langsamkeit*)
Einstieg mitten im Geschehen	Setzt eine Geschichte mitten im Geschehen ein, soll damit oft Spannung erzeugt werden.	Gewiss seid ihr alle voll Unruhe, dass ich so lange – lange nicht geschrieben. Mutter zürnt wohl, und Clara mag glauben, ich lebe hier in Saus und Braus und vergesse mein holdes Engelsbild, so tief mir in Herz und Sinn eingeprägt, ganz und gar. – Dem ist aber nicht so; täglich und stündlich gedenke ich eurer aller und in süßen Träumen geht meines holden Clärchens freundliche Gestalt vorüber und lächelt mich mit ihren hellen Augen so anmutig an, wie sie wohl pflegte, wenn ich zu euch hineintrat. (E.T.A. Hoffmann, *Der Sandmann*)
Einstieg vom Ende der Geschichte her	Wird eine Geschichte vom Ende her erzählt, wird der Leser neugierig gemacht: Er stellt sich die Frage: Wie konnte es so weit kommen?	Ich schwebe. Von hier oben habe ich einen guten Überblick, kann die ganze Kreuzung sehen, die Straße, die Bürgersteige. Unten liege ich. Der Verkehr steht. Die meisten Autofahrer sind ausgestiegen. Neugierige haben sich versammelt, einige stehen um mich herum, jemand hält meinen Kopf, sehr behutsam, eine Frau, sie kniet neben mir. Ein Auto ist in die Fensterscheibe eines Uhrengeschäfts gefahren, die Marke kann ich von hier oben nicht erkennen, bin aber in Automarken auch nicht sonderlich bewandert (...) Ich höre Stimmen, die nach einem Krankenwagen rufen, Neugierige, die nach dem Hergang fragen, jemand sagt: Er ist bei Rot über die Straße gelaufen. Ein anderer sagt: Der Fahrer wollte noch ausweichen. (Uwe Timm, *Rot*)

Auch für die Gestaltung des Schlusses gibt es mehrere Möglichkeiten: das geschlossene Ende, das erwartete Ende, das überraschende Ende, das offene Ende.

Genauso sorgfältig muss der **Schluss** eines Erzähltextes geplant werden; auf ihn fiebern viele Leser hin, er bleibt oft am längsten in Erinnerung.

Typische Schlusssituationen		
Geschlossenes Ende	Das geschlossene Ende findet sich meist in traditionell erzählten, chronologisch aufgebauten Erzähltexten. Es rundet den Text ab.	Als sich die Kannibalen nach gehabter Mahlzeit wieder am Feuer zusammenfanden, sprach keiner ein Wort. Der eine oder andere stieß ein wenig auf, spie ein Knöchelchen aus, schnalzte leise mit der Zunge, stupste mit dem Fuß einen übriggebliebenen Fetzen des blauen Rocks in die Flammen: Sie waren alle ein bißchen verlegen und trauten sich nicht, einander anzusehen. Einen Mord oder ein anderes niederträchtiges Verbrechen hatte jeder von ihnen, ob Mann oder Frau, schon einmal begangen. Aber einen Menschen aufgefressen? Zu so etwas Entsetzlichem, dachten sie, seien sie nie und nimmer imstande. Und sie wunderten sich, wie leicht es ihnen doch gefallen war und dass sie, bei aller Verlegenheit, nicht den geringsten Anflug von schlechtem Gewissen verspürten. Im Gegenteil! Es war ihnen, wenngleich im Magen etwas schwer, im Herzen durchaus leicht zumute. In ihren finsteren Seelen schwankte es mit einem Mal so angenehm heiter. Und auf ihren Gesichtern lag ein mädchenhafter, zarter Glanz von Glück. Daher vielleicht die Scheu, den Blick zu heben und sich gegenseitig in die Augen zu sehen. Als sie es dann wagten, verstohlen erst und dann ganz offen, da mußten sie lächeln. Sie waren außerordentlich stolz. Sie hatten zum ersten Mal etwas aus Liebe getan. (Patrick Süskind, *Das Parfum*)

Erwartetes Ende	Das erwartete Ende löst die Spannung und entwirrt die Handlungsstränge.	Hier endigt die Geschichte vom Kohlhaas. Man legte die Leiche unter einer allgemeinen Klage des Volks in einen Sarg; und während die Träger sie aufhoben, um sie anständig auf den Kirchhof der Vorstadt zu begraben, rief der Kurfürst die Söhne des Abgeschiedenen herbei und schlug sie, mit der Erklärung an den Erzkanzler, daß sie in seiner Pagenschule erzogen werden sollten, zu Rittern. Der Kurfürst von Sachsen kam bald darauf, zerrissen an Leib und Seele, nach Dresden zurück, wo man das Weitere in der Geschichte nachlesen muß. Vom Kohlhaas aber haben noch im vergangenen Jahrhundert, im Mecklenburgischen, einige frohe und rüstige Nachkommen gelebt. (Heinrich von Kleist, *Michael Kohlhaas*)
Überraschendes Ende	Das überraschende Ende soll den Leser aufrütteln, zum Nachdenken bewegen.	‚Wir können nicht mehr miteinander sprechen' sagte Herr K. zu einem Mann. ‚Warum?' fragte der erschrocken. ‚Ich bringe in Ihrer Gegenwart nichts Vernünftiges hervor!' beklagte sich Herr K.: ‚Aber das macht mir doch nichts', tröstete ihn der andere. – ‚Das glaube ich', sagte Herr K. erbittert, ‚aber mir macht es etwas'. (Bertolt Brecht, *Gespräche*)
Offenes Ende	Das offene Ende will den Leser unbefriedigt zurücklassen. Er soll darüber nachdenken, welches Ende, welche Lösung möglich wäre.	Es geht in die Freiheit, die Freiheit hinein, die alte Welt muß stürzen, wach auf, die Morgenluft. Und Schritt gefaßt und rechts und links und rechts und links, marschieren, marschieren, wir ziehen in den Krieg, es ziehen mit uns hundert Spielleute mit, sie trommeln und pfeifen, widebum widebum, dem einen gehts grade, dem andern gehts krumm, der eine bleibt stehen, der andere fällt um, der eine rennt weiter, der andere liegt stumm, widebum widebum. (Alfred Döblin, *Berlin Alexanderplatz*)

Erzählzeit und erzählte Zeit (→ S. 128 ff., 153)

Für die Gestaltung eines epischen Textes ist das Verhältnis von Erzählzeit und erzählter Zeit wichtig.

Die **Erzählzeit** ist die Zeitspanne, die benötigt wird, um ein episches Werk zu lesen, die **erzählte Zeit** umfasst die Dauer des Erzählten. Nur in Ausnahmefällen sind Erzählzeit und erzählte Zeit identisch; man spricht dann von zeitdeckendem Erzählen.

Als Corinna wieder oben war, sagte sie: „Du hast doch nichts dagegen, Papa? Ich bin morgen bei Treibels zu Tisch geladen. Marcell ist auch da, und ein junger Engländer, der sogar Nelson heißt."
„Ich was dagegen? Gott bewahre. Wie könnt ich was dagegen haben, wenn ein Mensch sich amüsieren will. Ich nehme an, du amüsierst dich."
„Gewiß amüsier ich mich. Es ist doch mal was anderes. Was Distelkamp sagt und Rindfleisch und der kleine Friedeberg, das weiß ich ja schon alles auswendig. Aber was Nelson sagen wird, denk dir, Nelson, das weiß ich nicht."
„Viel Gescheites wird es wohl nicht sein."
„Das tut nichts. Ich sehne mich manchmal nach Ungescheitheiten."
„Da hast du recht, Corinna."
(Theodor Fontane, *Frau Jenny Treibel*)

Eine Gestaltungsmöglichkeit ist das zeitdeckende Erzählen, das aber in Prosatexten recht selten vorkommt.

Wie das Beispiel zeigt, ist **zeitdeckendes Erzählen** im Prinzip nur bei wörtlicher Rede möglich und daher in Prosatexten seltener als in dramatischen.

Oft gibt es erhebliche Unterschiede zwischen der Erzählzeit und erzählter Zeit. Häufig braucht der Rezipient nur wenige Minuten zum Lesen einer Handlung, die mehrere Stunden, Tage, Wochen oder Jahre umfasst.

Sie werden ihren Krieg machen, Kind, glaub mir! Er ist ganz nah, ich kann ihn schon fühlen. Und sie werden uns alle sterben lassen in diesem Krieg. Ich gehe unter keinen Umständen fort von dir, Mama, hatte Judith geantwortet. Es ist mein letztes Wort. Und plötzlich hatten sie sich umschlungen und heftig geweint. Dann war Judith in die Küche gegangen, um das Frühstücksgeschirr abzuspülen. Als sie in den Salon zurückkam, war Mama tot. Sie war über dem Tisch zusammengesunken, und in der rechten Hand hielt sie noch die Tasse, aus der sie das Gift getrunken hatte.
(Alfred Andersch, *Sansibar oder der letzte Grund*)

Andere Möglichkeiten der Zeitgestaltung sind die Zeitraffung bzw. die Zeitdehnung.

Dieser Textausschnitt kann in ca. 30 Sekunden gelesen werden; er umfasst die Zeitspanne von etwa 30 Minuten. Andersch bedient sich dazu des Mittels der **Zeitraffung**, des **Zeitsprungs**.

Anders verhält es sich bei der Beschreibung von Personen, Gegenständen oder Örtlichkeiten. Was optisch auf einen Blick erfasst wird, muss in Texten so beschrieben werden, dass es für die Leser vorstellbar wird. In diesen Fällen spricht man von **Zeitdehnung**, die Erzählzeit ist größer als die erzählte Zeit.

Der erste Sonnenstrahl blitzte jetzt goldig über die Dächer weg in das Zimmer. Er legte einen hellen Schein auf die dunkelblaue Tapete über dem Bett und zeichnete die Fensterkreuze schief gegen die Wand. Die Bücherrücken auf dem Regal funkelten, die Gläser und Flaschen auf dem Tisch fingen an zu flinkern. Die Arabesken des blanken Bronzerahmens um die kleine Photographie auf dem Tisch mitten zwischen dem weißen, auseinandergezerrten Verbandzeug und dem Geschirre glitzerten. Auf den Dächern draußen lärmten wie toll die Spatzen. Unten auf dem Hofe unterhielten sich ganz laut ein paar Frauen.

(Arno Holz/Johannes Schlaf, *Ein Tod*)

Die Untersuchung der **Zeitstruktur eines Textes** ist hilfreich, um zu erkennen, welche Elemente der Handlung dem Autor wichtig waren, welche er nur nebenbei behandelt und welche er ganz ausgelassen hat. Auslassungen deuten aber nicht unbedingt auf Unwichtiges hin – sie können ganz im Gegenteil ein Mittel der Spannungserzeugung sein. Dies ist z. B. in Kriminalromanen so, wenn der Leser nicht allzu schnell erkennen soll, wer der Täter ist.

Zeitgestaltung

Erzählte Zeit	Erzählzeit
Zeitraum, über den sich die gesamte Geschichte erstreckt.	Zeitdauer, die der Leser benötigt, um den Text zu lesen.
Die erzählte Zeit wird vom Autor bestimmt. Er hat dazu folgende Möglichkeiten: Er kann – zeitdeckend, – zeitraffend und – zeitdehnend erzählen. Außerdem kann er Zeitsprünge vornehmen, Phasen der Reflexion einfügen oder Handlungen auslassen.	Die Erzählzeit ist abhängig vom Umfang des Textes, seiner sprachlich-stilistischen Gestaltung und der individuellen Lesegeschwindigkeit.

Reihenfolge des Erzählens

Die Reihenfolge des Erzählens legt der Autor fest. Er kann mit Vorausdeutungen und Rückblenden arbeiten – je nachdem, welche Leseerwartung er schüren will.

Der Autor hat die Freiheit, die ausgewählten Ereignisse und Handlungen so anzuordnen, wie es ihm sinnvoll erscheint. Häufig wird chronologisch, also der Abfolge des Geschehens entsprechend, erzählt. Dies kann einen Text möglicherweise langweilig werden lassen, sodass Autoren oft von der natürlichen Zeitfolge abweichen. Sie sind auch in der Lage, die Lesererwartung zu steuern, indem sie Rückblenden und Vorausdeutungen als Stilmittel einsetzen.

Vorausdeutungen können
- einen Ausblick auf den weiteren Handlungsverlauf geben,
- die Spannung des Lesers erhöhen,
- den Blick des Lesers auf eine bestimmte Handlung lenken.

Beispiel für eine Vorausdeutung:
Daß es an diesem Abend zum Essen Muscheln geben sollte, war weder ein Zeichen noch ein Zufall, ein wenig ungewöhnlich war es, aber es ist natürlich kein Zeichen gewesen, wie wir hinterher manchmal gesagt haben, es ist ein ungutes Omen gewesen, haben wir hinterher manchmal gesagt, aber das ist es sicherlich nicht gewesen, und auch kein Zufall. Gerade an diesem Tag wollten wir Muscheln essen, ausgerechnet an diesem Abend, haben wir gesagt, aber so ist es wiederum auch nicht gewesen, keinesfalls kann man von Zufall sprechen, wir haben nachträglich nur versucht, dieses Muschelessen als Zeichen oder als Zufall zu nehmen, weil das, was auf dieses ausgefallene Muschelessen dann folgte, tatsächlich von solcher Ungeheuerlichkeit gewesen ist, daß sich am Ende keiner von uns mehr davon erholt hat, …
(Birgit Vanderbeke, *Das Muschelessen*)

Aus den ersten Sätzen von Birgit Vanderbekes Erzählung geht durch viele Andeutungen hervor, dass an dem Abend, als es Muscheln geben sollte, etwas ganz Besonderes passieren wird. Der Leser wird neugierig und fragt sich: Was geschieht? Wofür ist das Muschelessen ein „Zeichen"? Warum ist das Muschelessen schließlich ausgefallen? Worin besteht die „Ungeheuerlichkeit"? Was hat es zu bedeuten, dass sich „keiner von uns mehr davon erholt hat"?

Rückblenden können
- ein früheres Geschehen nachtragen,
- durch gezielte Fokussierung die Handlung erläutern,
- für das Verständnis des Textes bzw. die Textanalyse hilfreich sein.

Beispiel für eine Rückblende:

Und zwar bis zu diesem Tag, von dem es von vornherein feststand, daß er ein besonderer, sozusagen historischer Tag würde in der Familiengeschichte, weil die diesmalige Dienstreise meines Vaters der letzte Meilenstein auf dem Weg zur Beförderung gewesen sein sollte, keiner von uns hat daran gezweifelt, daß mein Vater Erfolg haben würde, wochenlang sind wir am Wochenende mucksmäuschenstill gewesen, weil mein Vater den Vortrag geschrieben und eigenhändig mehrfarbige Folien dazu gemalt hat, wir haben immer gesagt, wie schön diese Folien geworden sind, nun, wie findet ihr sie, hat mein Vater gefragt, und wir haben immer wieder gesagt, wie besonders schön wir sie finden, außerdem haben wir alle gewußt, daß mein Vater im Vorträgehalten brillant und stets außergewöhnlich erfolgreich gewesen ist …

(Birgit Vanderbeke, *Das Muschelessen*)

„Alles, was ich erlebe, wandelt sich umgehend in meinem Kopf in Geschichten um, und das Wesen von Geschichten ist: sie müssen raus. Wobei der Umwandlungsvorgang der Witz ist, denn die Geschichten, die ich erzähle, sind natürlich nicht das, was ich erlebt habe …"

Birgit Vanderbeke im Gespräch mit Corina Lanfranchi, Mai 2003

Diese Rückblende hilft die Erzählung zu verstehen. Während der Zubereitung des Muschelessens erinnern sich die Familienmitglieder an Szenen im Umgang mit dem Vater. Dieser wird hier in seiner Zielstrebigkeit, die mit seiner Eitelkeit einhergeht, an einem konkreten Beispiel vorgestellt. Diese Szene aus der Vergangenheit trägt zur Charakterisierung des Vaters bei.

BIRGIT VANDERBEKE (geb. 1956)

- 1956 geboren in Dahme / Brandenburg als Tochter eines Lehrers
- 1961: Übersiedelung der Familie von der DDR nach Frankfurt am Main
- 1990: „Das Muschelessen" (Erzählung)
- 1990: Ingeborg-Bachmann-Preis für „Das Muschelessen"
- Birgit Vanderbeke lebt in Südfrankreich

Sprachliche Gestaltung von Zeit

Mit Hilfe von sprachlichen Mitteln können die Autoren die Zeit in ihren Texten gestalten.

Die Gestaltung der Zeit erfolgt nicht nur mit Hilfe der Organisation des Stoffes oder durch Techniken des Erzählens. Auch die sprachliche Gestaltung eines Textes kann für die Zeitgestaltung nutzbar gemacht werden:

Mittel	Beispiele
adverbiale Bestimmungen	Antworten auf die Fragen wann? bis wann? seit wann? wie lange? wie oft? z. B.: nachts, einen Monat, sommers, seit Monaten
temporale Konjunktionen (koordinierend, beiordnend)	dann, darauf, danach, eher, zuvor, vorher
temporale Konjunktionen (subordinierend, unterordnend)	als, bevor, bis, ehe, indes, nachdem, seit, seitdem, sobald, solange, sooft, unterdes, während, (jedesmal) wenn, wie (als Ersatz für „als“ beim Präsens)
die Tempora des Verbs	• Gleichzeitigkeit (z. B.: Als er kam, grüßte ich ihn.) • Vorzeitigkeit (z. B.: Sobald die Uhr geschlagen hatte, kam er aus dem Haus.) • Nachzeitigkeit (z. B.: Bevor du mir das nicht bewiesen hast, glaube ich es nicht.)

Zeitliche Situierung

Zeitmotive, die innerhalb des Prosatextes eine Rolle spielen, tragen zu seiner Gestaltung und zum Verständnis der Leser bei.

Ging es bisher um die Organisation des Stoffes, um die Dauer einer Handlung und um die sprachlichen Möglichkeiten des Autors, mit der Zeit umzugehen, wird nun nach dem **Zusammenhang von dargestellter Zeit und Handlung** bzw. nach den Einflüssen und Auswirkungen der Zeit auf die Figuren eines Textes, ihren Befindlichkeiten und ihren Handlungen gefragt.

Für das Verständnis eines Textes ist oft auch seine zeitliche Situierung von Bedeutung. Welche Bedeutung hat es, dass Eichendorffs Novelle *„Aus dem Leben eines Taugenichts“* zur Zeit des anbrechenden Frühlings beginnt? Warum siedelt Heinrich Böll seine Erzählung *„Die verlorene Ehre der Katharina Blum“* in den siebziger Jahren an? Wie empfindet Jo in Zoë Jennys Erzählung *„Das Blütenstaubzimmer“* ihre Entwicklung vom Kind zur Erwachsenen?

Bestimmte Zeitaspekte, die **motivischen Charakter** haben, können helfen, einen Text zu verstehen. Sie können als Motive einzelner Texte verwendet werden und durch ihr mehrmaliges Vorkommen bei den Lesern ganz bestimmte Assoziationen auslösen. Andere Zeitmotive finden sich in den verschiedenen literarischen Gattungen immer wieder und erleichtern dem Leser dadurch das Verständnis. Zeitmotive sind aber wie alle Motive nicht eindeutig, es kommt also auf den Kontext eines Werks an, wie sie verstanden werden wollen. Häufige Beispiele sind:

Zeitliche Situierung	Symbolische Bedeutung
Historische Zeit	
Deutschland zur Zeit des Nationalsozialismus	Verfolgung und Unterdrückung, persönliche Unfreiheit
Deutschland in den 50er- und 60er-Jahren	Wirtschaftlicher Aufschwung und Kritik an der dadurch entstehenden zwischenmenschlichen Oberflächlichkeit
Tageszeit	
Morgen	Anbruch des Tages, Aufbruchsstimmung
Abend	Reflexion des Tages, des Lebens
Essenszeit	Zeit der Gemeinsamkeit bzw. Einsamkeit
Jahreszeit	
Frühling	Anbruch des Jahres, Aufbruchsstimmung, Neuanfang, oft im Zusammenhang mit Kindheit und Jugend
Sommer	Höhepunkt des Jahres, oft als „gute“, unbeschwerte Zeit dargestellt, auch Wendepunkt
Herbst	Sinnbild für Vergänglichkeit, Überschreiten des (persönlichen) Zenits
Winter	Kälte, Unwirtlichkeit, Einsamkeit, Ende des Lebens
Festtage	
persönliche Festtage	(scheinbare) Hochzeiten, Reflexion des bisher Erreichten, Krisensituation

kirchliche und staatliche Feiertage	Übereinstimmung mit einem gesellschaftlichen Wertekodex oder seine Ablehnung
Lebenszeit	
Kindheit	Zeit des Aufbruchs, der ersten Eindrücke, im positiven und negativen Sinn prägend
Jugend	Zeit des Lernens, der Erfahrung, der Orientierung
Erwachsenenalter	Zeit des Tätigseins, der Bewährung, auch des Umschwungs, der Neuorientierung vor dem letzten Lebensabschnitt
Alter	häufig verbunden mit einem Rückblick auf das eigene Leben, auf die erlebten – sich verändernden – Zeitumstände

Bedeutung des Raumes und der Raumgestaltung

Räume haben in Prosatexten eine spezifische Funktion.

Die Handlung eines epischen Textes ist immer in einem bestimmten Raum (➤ S.126 ff.) angesiedelt. Damit ist nicht nur der geografische Raum gemeint, der oft in der Realität verortet werden kann (z.B. Berlin als Raum der Handlung in Döblins Roman „*Berlin Alexanderplatz*“). **„Raum“** ist hier in einem umfassenderen Sinn gemeint. Auch das gesellschaftliche Umfeld einer Figur, der soziale Raum, das Milieu sind gemeint, ebenso ihr Lebensraum, also Wohnung, Haus, Straße, Stadtviertel. Daneben gibt es auch innere Räume, Stimmungs- und Gedankenräume, in denen eine Person zu Hause ist oder die ihr verschlossen bleiben.

Räumen kommt eine ganz spezifische Funktion zu: Sie charakterisieren eine Person, oft sind sie der Spiegel ihrer Existenz, oft der Auslöser für eine die Figur betreffende Handlung. Manchmal besitzen sie auch symbolische Bedeutung (z.B. das Esszimmer in Birgit Vanderbekes Erzählung „*Das Muschelessen*“, das die Abgeschlossenheit der Familie nach außen hin verdeutlicht).

Raumfunktionen

Räume können gestaltet sein als:
- Handlungsräume,
- Lebensräume,
- Gedankenräume,
- Stimmungsräume,
- Kontrasträume,
- Symbolräume.

Räume sind in der Literatur nie Selbstzweck und nur selten von den Autoren ohne tiefere Bedeutung gewählt. Bei der Untersuchung von epischen Texten sollte man immer bedenken, dass es verschiedene **Funktionen** gibt, die die Örtlichkeiten erfüllen können. Man unterscheidet:

Begriff	Beschreibung	Beispiele
Handlungsraum	Der Raum, der den Bedingungsrahmen für die Handlungen der Personen bildet.	Der Handlungsraum in Alfred Anderschs *Sansibar oder der letzte Grund* ist die Hafenstadt Rerik. Das Geschehen, das in diesem Roman dargestellt wird, ist unmittelbar an diese Stadt und ihre Lage an der Ostsee gebunden.
Lebensraum	Der Raum, in dem sich die Figuren bewegen. Von ihrem Lebensraum sind die Figuren positiv oder negativ geprägt, möglicherweise sind sie dort aufgewachsen, haben Familie, Freunde und ihren Arbeitsplatz. Die Darstellung des Lebensraumes dient oft der Charakterisierung von Figuren.	Der Lebensraum der Ärztin Claudia in Christoph Heins Novelle *Der fremde Freund/ Drachenblut* ist eine typische, nicht näher benannte mittelgroße Stadt in der DDR, die den Charakter der Hauptperson und ihre Verhaltensweisen prägt.
Gedankenraum	Der Raum, den der Autor oder seine Figuren durch ihre Wünsche, Träume oder Illusionen entstehen lassen. Gedankenräume haben oft irreale, phantastische oder märchenhafte Züge.	Die Stadt Tomi und ihr Umland in den Phantasien Nasos (Christoph Ransmayr, *Die letzte Welt*)
Stimmungsraum	Der Raum, an den eine bestimmte, die Handlung tragende Stimmung geknüpft ist.	Die Nordseeküste in Theodor Storms Novelle *Der Schimmelreiter*
Kontrastraum	Ein Raum, der in inhaltlichem und assoziativem Gegensatz zu einem anderen steht.	Palenque und New York als Orte der Natur bzw. Zivilisation in Max Frischs *Homo faber*
Symbolraum	Ein Raum mit einer symbolischen Bedeutung, die nicht mit seiner wirklichen Bedeutung identisch sein muss.	Das Venedig in Thomas Manns Novelle *Tod in Venedig* steht für Krankheit, Verfall und Tod.

Raummotive

Raummotive kommen in verschiedenen literarischen Texten vor und sind deshalb schnell zu entschlüsseln.

Räume können als Motive einzelner Texte verwendet werden, die durch ihr mehrmaliges Vorkommen bei den Lesern ganz bestimmte Assoziationen auslösen und ihnen das Verständnis eines Textes erleichtern.

Andere Raummotive gehören zum **Motivvorrat der Literatur** und sind in vielen Texten auffindbar. Ihre symbolische Bedeutung ist mehrdeutig und oft widersprüchlich. Häufige Beispiele sind:

Raummotiv	Symbolische Bedeutung
Feld	Ort außerhalb der nahen Zivilisation, Ort von Entscheidungen
Fenster	Begrenzung zwischen drinnen und draußen, Beengung und Freiheit, Sehnsucht nach Ferne und Unabhängigkeit
Garten	kultivierter Naturraum, natürlicher Ort in der von den Menschen veränderten Welt
Gebirge	Gewalt der vom Menschen unberührten Natur, Assoziationsraum für Freiheit und Entgrenzung
Haus, Wohnung	Geborgenheit, Enge, Rückzug vom Alltag „draußen“
Meer	Gewalt der vom Menschen unberührten Natur, Assoziationsraum für Sehnsucht, Freiheit und Ungebundenheit
Schlachtfeld	Ort des Grauens, der Gewalt, der Entscheidung
(Groß-)Stadt	Zivilisation, Naturferne, Einsamkeit in der Menschenmenge, anonyme Bedrohung, Ort des Verbrechens, pulsierendes Leben
Wald	Zivilisationsferne, Einsamkeit, Ort der Bewährung und des Zu-sich-selbst-Findens

Der moderne Roman

Alfred Döblins Roman *„Berlin Alexanderplatz"* (1929) wird in der Literaturwissenschaft als der erste typisch **moderne Roman** (➤ S. 137) angesehen. Der Held des Romans, der erst im Untertitel „Die Geschichte vom Franz Biberkopf" genannt wird, ist eigentlich ein Antiheld, ein Getriebener, der mehr erleidet als bewegt. Nicht nur die Abkehr vom traditionellen Helden und von der chronologisch erzählten Handlung machen den Roman zu einem modernen Roman, sondern auch die Verwendung neuartiger Mittel des Erzählens, wie innerer Monolog, erlebte Rede und Bewusstseinsstrom. Auch die vielfach eingesetzte Montagetechnik (z. B. Einbau von Songtexten, Volksliedtexten, Bibelzitaten und Überschriften aus Tageszeitungen) (➤ S. 101, 149, 173) kannte man so im deutschen Roman noch nicht.

„Berlin Alexanderplatz" von Alfred Döblin gilt als der erste moderne Roman in Deutschland.

Untersucht man den folgenden Textauszug aus Alfred Döblins Roman *„Berlin Alexanderplatz"* kann man Folgendes feststellen:

Inhalt	Text	Sprache
Franz Biberkopf kommt zu Reinhold. Dieser fühlt sich bedroht.	Es klopft, herein. Spring auf, marsch, marsch. Reinhold im Moment in die Tasche, Revolver. Eine Kugel kam geflogen, gilt sie mir oder gilt sie dir. Sie hat ihn weggerissen, er liegt mir zu den Füßen, als wärs ein Stück von mir, als wärs ein Stück von mir. Da steht er: Franz Biberkopf, Arm hat er ab, Kriegsinvalide, der Kerl ist besoffen, oder nicht. Macht er eine Bewegung, knall ich ihn nieder.	Erzähler-, Figurenrede Bewusstseinsstrom innerer Monolog
Reinhold geht in die Offensive und sucht einen Schuldigen.	„Wer hat dir hier ringelassen?" „Deine Wirtin", Offensive, Offensive. „Die, det Aas, ist die verrückt?" Reinhold an die Tür. „Frau Tietsch! Frau Tietsch! Wat is det? Bin ick zu Hause oder bin ick nich zu Hause? Wenn ick sage, ick bin nicht zu Hause, bin ich eben nich zu Hause." „Schuldigen Sie, Herr Reinhold, mir hat keener wat gesagt." „Dann bin ick nich zu Hause, Donnerwetter. Dann können Sie mir ja ick wees nich wen ins Haus lassen." „Dann haben Sies woll zu meiner Tochter gesagt, die looft runter und sagt nichts."	Umgangssprache Bewusstseinsstrom Berliner Dialekt
Reinhold versteht nicht, warum Biberkopf ihn aufsucht und will sich erst einmal Gewissheit verschaffen, ob er	Er zieht die Tür zu, Revolver fest. Die Soldaten. „Wat willste bei mir? Wat haben wir beieinander ververloren?" Er stottert. Welcher Franz ist das? Wirst es bald wissen. Dem Mann ist vor einiger Zeit der Arm abgefahren worden, das war mal ein anständiger Mann, läßt sich eidlich bezeugen, jetzt ist er Lude, wollen	Stottern Erzählerbericht Ganovensprache

von ihm etwas zu befürchten hat.	wir noch erörtern, durch wessen Schuld. Trommelgerassel. Bataillone auf, nu steht er da. „Mensch, Reinhold, du hast doch ein Revolver." „Und?" „Wat willste damit? Wat du willst?" „Ick? Nischt!" „Na. Denn kannste ihn ja weglegen." Reinhold legt den Revolver vor sich auf den Tisch. „Wozu kommste nu zu mir?" Da steht er, da ist er, der hat mir im Hausflur geboxt, der hat mir rausgeworfen ausm Wagen, vorher war gar nichts, war noch Cilly da, bin die Treppe runtergegangen. Das steigt auf. Mond über dem Wasser, greller blendender am Abend, Glockenläuten. Jetzt hat er einen Revolver.	Bewusstseinsstrom szenische Darstellung, Einwortsätze innerer Monolog
Reinhold sucht Gründe für das Verhalten von Biberkopf und vermutet, dass er betrunken ist.	„Setz dir doch, Franz, sag mal, du hast woll gekübelt ?" Weil der so stier guckt, der muß besoffen sein, der kann das Saufen nicht lassen. Das wird es sein, der ist besoffen, aber den Revolver hab ich ja. Ei bloß wegen dem Tschingdarada bumdarada bum . Da setzt sich Franz. Und sitzt. Der grelle Mond, das ganze Wasser strahlt. Jetzt sitzt er bei Reinhold. Das ist der Mann, dem er geholfen hat mit die Mädels, ein Mädel nach dem andern hat er ihm abgenommen, dann wollt er ihn kriegen Schmiere zu stehen, aber gesagt hat er nichts, und jetzt bin ick Lude, und wer weeß, wie es mit Mieze gehen wird, und das ist die Sachlage. Aber das ist alles gedacht. Es geschieht nur eins: Reinhold, Reinhold sitzt da.	Umgangssprache innerer Monolog Refrain eines Lieds Bewusstseinsstrom erlebte Rede Ganovensprache innerer Monolog
Als sich seine Vermutung als falsch herausstellt, überlegt Reinhold, ob Biberkopf ihn erpressen will.	„Ich wollt dir bloß sehen, Reinhold." Det wollt ich; den ansehen, ansehen genügt schon, da sitzen wir. „Haste vor, Daumen anlegen, wat, erpressen, von wegen damals? Wat?" Stillgehalten, nich gezuckt. Junge, geradeaus marschiert, na nu son paar Granaten. „Erpressung, wat? Wieviel willste denn? Wir sind gewappnet. Det du Lude bist, wissen wir doch." „Det bin ick. Wat soll ick denn machen mit een Arm?" „Also wat willste?" „Gar nischt, gar nischt."	szenische Darstellung Wiederholung
Reinhold erkennt, dass Biberkopf psychisch am Ende ist und Angst hat.	Bloß richtig sitzen, festhalten, das ist Reinhold, so schleicht er herum, bloß nicht umschmeißen lassen. Aber es ist schon ein Zittern in Franz. Es waren drei Könige, die zogen aus dem Morgenland , die hatten Weihrauch und den schwenkten sie, immer schwenkten sie den. Die hüllen einen in Rauch.	Erzählerrede Bibelzitat Wiederholung

Nun fühlt er sich sicher und legt den Revolver weg.	Reinhold überlegt: entweder ist der Kerl besoffen, dann wird er bald gehen und weiter ist nichts, oder der will doch was. Nee, der will was, aber was, der will nicht erpressen, aber was denn. Reinhold holt Schnaps und denkt, so werd ich meinen Franz rauslocken. Wenn den bloß nicht der Herbert hergeschickt hat, ausbaldowern und dann uns verschütt gehen lassen. In dem Augenblick, wo er die beiden blauen Gläschen hinstellt, sieht er, dass Franz zittert. Der Mond, der weiße Mond, er ist grell über dem Wasser hochgestiegen, da kann keener raufsehen, ick bin blind, wat is mit mir. Kuck, der kann nicht mehr. Der hält sich steif, aber kann nicht mehr. Und da hat Reinhold eine Freude und nimmt langsam den Revolver vom Tisch und steckt ihn sich in die Tasche und gießt ein und sieht wieder: dem zittern die Pfoten, der hatn Tatterich, das ist ein Schlappjeh, die Großschnauze, der fürcht sich vorm Revolver oder vor mir; na ick tu ihm nichts. Und Reinhold ist sehr sehr ruhig, freundlich, jawoll. Wonne, wie der dies Zittern sieht, nee, der is nich besoffen, der Franz, der hat Furcht, der klappt zusammen, der macht sich noch in die Hosen, der wollt vor mir eine große Schnauze riskieren.	Gaunersprache innerer Monolog Erzählerbericht Umgangssprache Dialekt Erzählerrede innerer Monolog
Reinhold wird in seiner Sicherheit gesprächig; er erzählt von seinem Zusammensein mit Cilly als Beispiel für seine sexuelle Anziehungskraft und Männlichkeit.	Und Reinhold fängt von Cilly an zu erzählen, als wenn wir uns gestern gesehen hätten, die war noch mal wieder bei mir durchpassiert, ein paar Wochen, ja das gibt es, wenn ich eine mal ein paar Monate nicht gesehen habe, dann kann ich sie schon mal wieder haben, ne Reprise, das ist eine komische Sache. Dann holt er Zigaretten und ein Pack schweinische Bilder, und dann Photographien, Cilly ist auch bei, mit Reinhold zusammen.	Umgangssprache
Franz ist inzwischen von der selbstgesuchten Situation völlig überfordert.	Franz kann nichts sagen, er sieht immer bloß auf Reinholds Hände, der hat zwei Hände, zwei Arme, er hat bloß einen, mit den zwei Händen hat ihn Reinhold untern Wagen geschmissen, ach warum, ach darum, müßt ich nicht den Kerl totschlagen, ach bloß wegen dem Tschingdarada. Herbert meint, aber das mein ick alles nicht, was mein ick bloß. Ick kann nichts, ick kann gar nichts. Ick muß doch, ick	Montage eines Lied-Refrains

Reinhold wird immer selbstsicherer und demütigt Biberkopf, indem er ihn dazu bringt, ihm die Wunde (die er ja verursacht hat) zu zeigen. Reinhold reagiert ohne Mitgefühl, nur mit Verachtung.	wollt doch wat tun, ach bloß wegen dem Tschingdarada bumdarada – ich bin überhaupt keen Mann, ein Hahnepampen. Er sinkt in sich zusammen und dann bebt er wieder auf, er schluckt Kognak, und dann noch eenen, hilft alles nichts, und dann sagt Reinhold leise, leise: „Ick, ick möcht mal, Franz, ick möcht mal deine Wunde sehen." Ei bloß wegen dem Tschingdarada bumdarada. Da schlägt Franz Biberkopf – das ist es – die Jacke auf, zeigt den Stumpf mit dem Hemdärmel, Reinhold verzerrt das Gesicht: sieht eklig aus, Franz schlägt die Jacke zu: „Früher wars schlimmer." Und dann kuckt Reinhold weiter seinen Franz an, der nichts sagt und nichts kann und ist so dick wie ein Schwein und kann nicht das Maul aufmachen, und Reinhold muß den weiter begrinsen und hört nicht auf.	Umgangssprache Wiederholung Erzählerbericht Ellipse syndetische Reihung

Zu Inhalt und Aufbau:

- Zum ersten Mal, nachdem Reinhold Franz aus dem Auto geworfen hat, sehen sich die beiden hier wieder: Franz sucht Reinhold auf, um sich selbst zu beweisen, dass er stärker ist als dieser, nicht nur ein „Krüppel" und ein „halber Mensch", wie er annimmt. Das **Gespräch mit Reinhold** verläuft jedoch nicht so, wie Franz sich das gedacht hat. Auch wenn Reinhold anfangs Angst hat vor Biberkopf, weil er nicht einschätzen kann, was dieser von ihm will, zeigt er sich am Ende als der Stärkere. Er, der dafür verantwortlich ist, dass Franz einen Arm verloren hat, lässt sich von diesem den Stumpf zeigen, heuchelt Interesse – und macht dann abfällige Äußerungen über „Krüppel". Dadurch demütigt er Franz zutiefst. Franz hat mit dem Besuch bei Reinhold also das Ziel, sein Selbstvertrauen wiederzugewinnen, nicht erreicht.
- Es geht in diesem Romanauszug um ein **Kräftemessen zwischen Franz und Reinhold**: Während Franz von seiner nur vorgetäuschten Stärke immer mehr verliert, gewinnt Reinhold an Selbstsicherheit dazu. Zu Beginn der Szene ist Reinhold von großer Unsicherheit geprägt, weil er nicht einschätzen kann, was Franz von ihm will. Das anfängliche Gefühl der Bedrohung weicht aber bald dem Verdacht, Franz müsse betrunken sein oder ihn erpressen wollen. Doch nichts davon bewahrheitet sich. Franz verhält sich passiv; er sagt lediglich: „Ich wollt dir bloß sehen, Reinhold." und auf Reinholds Nachfrage „Also wat willste?": „Gar nischt, gar nischt.".

- Der **Wendepunkt** stellt sich im sechsten Absatz ein, als Franz' Zittern offenkundig wird. Reinhold zieht daraus den richtigen Schluss: „Kuck, der kann nicht mehr.". Daraufhin nimmt er „den Revolver vom Tisch und steckt ihn [...] in die Tasche": Reinhold ist sich nun sicher, dass er mit Franz fertig wird, auch ohne Gewalt anwenden zu müssen. Er stellt nun sein wiedergewonnenes Selbstbewusstsein zur Schau und prahlt mit seinen Frauengeschichten (Cilly). Franz signalisiert er damit, dass er „keen Mann", sondern „ein Hahnepampen" ist, was dieser auch so versteht und immer mehr in sich zusammenfällt. Das genötigte Entblößen des Armstumpfes tut dann noch ein Übriges, um Franz ganz zu zerstören.

Zur sprachlich-stilistischen Gestaltung:

- Alfred Döblin erzählt den Roman *„Berlin Alexanderplatz"* nicht aus einer Perspektive. Vielmehr wechseln die **Erzählperspektiven**, häufig sogar innerhalb der Sätze. Dies wirkt zwar für den Leser anfangs verwirrend, dem Autor gelingt es durch diese Technik der **Multiperspektivität** aber, die Geschehnisse als komplex, die Handlung als zusammenhängendes Ganzes zu präsentieren. Der Leser ist nicht auf die Sicht- und Darstellungsweise nur einer Romanfigur angewiesen, er ist auch nicht einem allwissenden Erzähler ausgeliefert, von diesem nicht manipulierbar. Der Wechsel der Perspektiven erzeugt erhöhte **Authentizität**, die Romanhandlung erscheint dadurch zwar in Teilen irrealer, aber insgesamt glaubhafter.
- Multiperspektivität kann man auch im vorliegenden Textauszug feststellen: Schon im ersten Satz sind **Erzählerbericht** („Es klopft") und **Figurenrede** („herein") miteinander verbunden. **Innenperspektive** liegt zu Beginn von Satz zwei vor („Spring auf, marsch, marsch"), die **Außenperspektive** folgt unmittelbar darauf („Reinhold im Moment in die Tasche..."). Auffällig ist hier die Schnitttechnik, also der rasche Wechsel von Außensicht und Innensicht.
- **Figurendialoge** durchziehen den gesamten Textauszug (z. B.: „Und?" „Wat willste damit? Wat du willst?" „Ick? Nischt!").
- **Erlebte Rede** und **innerer Monolog** werden eingesetzt; auch die Technik des **Bewusstseinsstroms** („... der hat zwei Hände, zwei Arme, er hat bloß einen, ... ach warum, ach darum, ..., ach bloß wegen dem Tschingdarada.").
- Die Verwendung **verschiedener Sprachebenen** unterstützt ebenfalls die Authentizität des Textes. Reinhold und Franz reden (und denken) in **Umgangssprache** („... der kann das Saufen nicht lassen"), in der **Gaunersprache** („Det du Lude bist ...") und im **Berliner Dialekt** („Wat soll ick denn machen mit een Arm?").
- Wie im gesamten Roman finden sich auch in diesem Textauszug Beispiele für die Verwendung von **Montagetechnik** (➛ S. 101, 149,

„Das Heroische, überhaupt die Wichtigkeit des Isolierten und der Einzelpersonen, ist stark zurückgetreten ... Der Fabuliersinn und seine Konstruktionen wirken hier naiv. Dies ist der Kernpunkt der sogenannten Krisis des heutigen Romans. Die Mentalität der Autoren hat sich noch nicht an die Zeit angeschlossen."

Alfred Döblin in seinem Aufsatz ‚Ulysses' von Joyce, 1928

169 ff.). In den Erzählerbericht oder auch in die erlebte Rede werden **Kriegslieder** („Ei bloß wegen dem Tschingdarada bumdarada"), **militärisches Vokabular** („Offensive, Offensive" und „Die Soldaten") und ein **Bibelzitat** eingeschoben, die als Kommentar zur beschriebenen Situation zu lesen sind: Zu Beginn der Szene fühlt sich Reinhold durch Franz, dem er ja großes Leid zugefügt hat und dessen Rache er jetzt erwartet, bedroht, die Begriffe und Liedstrophen aus dem Bereich des Militärs können als Gedankensplitter Reinholds aufgefasst werden. Am Ende des Textauszugs, als Reinhold von Franz keine Bedrohung mehr erwartet, werden diese Montageelemente deutlich weniger und sie finden sich meist im Zusammenhang mit Franz Biberkopf; sie stehen vorwiegend an den Stellen, die einen direkten Bezug zu Gewalt haben, wie in: „… müßt ich nicht den Kerl totschlagen, ach bloß wegen dem Tschingdarada bumdarada."

ALFRED DÖBLIN (1878–1957)

- 1878 geboren in Stettin als Sohn eines Kaufmanns
- 1900–1905: Studium der Medizin in Berlin und Freiburg
- 1911–1931: praktizierender Neurologe und Psychiater in Berlin
- 1933–1945: im Exil in Paris und den USA
- 1945: Rückkehr nach Deutschland (als Mitarbeiter der französischen Militärregierung)
- 1953–1956: Aufenthalt in Paris
- 1957 gestorben in Berlin

Epische Gattungen und Formen

Kleinere Formen

Anekdote

Die Anekdote ist eine kurze Erzählung, in deren Mittelpunkt ein besonderes Ereignis oder eine hervorstechende Eigenschaft einer **bekannten Persönlichkeit** steht. Die Anekdote nimmt oft eine überraschende, meist witzige Wendung, die man als **Pointe** bezeichnet. Anekdoten wollen informieren und zugleich unterhalten; sie wurden ursprünglich in geselligen Runden mündlich erzählt. Im Mittelpunkt stand eine allen bekannte Persönlichkeit, deren Charakter in prägnanter oder witziger Weise beleuchtet wurde und so die Neugier der Zuhörer befriedigte. Im 18. und 19. Jahrhundert wurde die Anekdote dann aufgeschrieben und zu einer literarischen Gattung.

Bekannte Anekdotendichter sind Johann Peter Hebel und Heinrich von Kleist, die eigene Anekdotensammlungen veröffentlichten.

Die Anekdote informiert in witziger Weise über eine bekannte Persönlichkeit.

Aphorismus

Der Aphorismus ist ein **kurzer Gedanke**, der in knapper sprachlicher Form – gleichsam als Momentaufnahme – eine Erkenntnis, Wahrheit oder ein Werturteil über einen allgemeinen oder aktuellen Sachverhalt geistreich zum Ausdruck bringt. Der Aphorismus säht Zweifel und **will nachdenklich machen**. Durch die Verwendung rhetorischer Formen und eines gehobenen sprachlichen Niveaus unterscheidet sich der Aphorismus vom Sprichwort, mit dem er durch seine Kürze und die prägnante Aussage verwandt ist. Besondere Verbreitung erfährt die Textsorte in der Epoche der Aufklärung.
Beispiel: Die Zeit, die er verschenkt, ist zu kostbar, um verkauft zu werden. (Elias Canetti)

Der Aphorismus ist ein Spruch, der zum Nachdenken anregen will.

Fabel

Die Fabel ist eine Form der Literatur, die es schon in der Antike gab. **Äsop** (um 550 v. Chr.) ist der älteste, noch heute bekannte Fabeldichter. Die Überlieferung besagt, dass er als griechischer Sklave seine Kritik nur in verdeckter Form äußern konnte. Äsop schrieb deshalb **Tieren** menschliche Eigenschaften zu: Die Tiere in seinen Fabeln verhalten sich wie Menschen, zeigen menschliche Gefühlregungen und Verhaltensweisen und sie sprechen auch wie Menschen. Äsops Fabeln sind zweigeteilt. Im ersten Teil wird eine **Begebenheit** wiedergegeben, im zweiten Teil findet sich eine **Lehre**, die zusammenfasst, worauf es ankommt. Diese Lehre sollte die Leser dazu bringen, ihr eigenes Verhalten zu überdenken.

Die meisten Fabeln sind in erzählender Sprache geschrieben, es gibt aber auch Versfabeln.

Die Fabel ist eine der ältesten epischen Gattungen. Sie will dem Leser eine Lehre erteilen.

An Äsops Fabeln orientierten sich alle Fabeldichter nach ihm bis in die heutige Zeit: Phädrus, Jean de La Fontaine, Gotthold Ephraim Lessing, Bertolt Brecht, Reiner Kunze und Heinz Erhardt.

Kalendergeschichten fanden sich ursprünglich in Kalendern und waren die Lektüre eines wenig lesenden Publikums.

Kalendergeschichte

Kalendergeschichten sind ursprünglich in Hauskalendern für das ganze Jahr zu finden – im 15., 16. und 17. Jahrhundert meist **der einzige Lesestoff** für viele Menschen. Diese Jahreskalender informierten über kirchliche Festtage und Namenstage von Heiligen und gaben oft praktische Tipps: für den Landwirt, die Hausfrau und für das Verhalten im Alltag. Zur Unterhaltung und Belehrung der Leser waren kurze Geschichten eingefügt.

Im Zeitalter der **Aufklärung** nützten viele Autoren den Kalender als Medium, ihre Gedanken populär zu machen und die einfacheren Bevölkerungsschichten an ihren Ideen teilhaben zu lassen. Die Kalendergeschichte sollte nun die Leser zu moralisch anständigem Verhalten erziehen.

Kalendergeschichten, die auch heute noch gelesen werden, stammen von Johann Peter Hebel. Sie wurden in seinem Werk „Schatzkästlein des Rheinischen Hausfreundes“ (1811) veröffentlicht. Im 20. Jahrhundert hat Bertolt Brecht eine Vielzahl von Kalendergeschichten veröffentlicht, die den Menschen ihre Schwächen deutlich machen sollen.

Die Kurzgeschichte ist eine recht junge Gattung, die nach dem Zweiten Weltkrieg aus den USA nach Deutschland kam.

Kurzgeschichte

Die Kurzgeschichte ist eine relativ kurze Prosaerzählung. Erst **nach dem Zweiten Weltkrieg** kam diese Gattung aus den USA nach Deutschland, wo sie sogleich von vielen Autoren der Kriegsgeneration aufgegriffen wurde.

In den USA gab es schon seit dem Ende des 19. Jahrhunderts die Form der kurzen Geschichten, so genannte **short storys**. Nach dem Ende des Zweiten Weltkriegs kam amerikanisches Gedankengut nach Deutschland, darunter auch die short story. Vorbildhaft wirkten die short storys von Ernest Hemingway. Deutsche Autoren der unmittelbaren Nachkriegszeit wie Heinrich Böll, Wolfgang Borchert, Wolfdietrich Schnurre und Ilse Aichinger griffen diese Form auf und schufen eine neue Literaturgattung: Die moderne deutsche Kurzgeschichte.

Kurzgeschichten wurden ursprünglich in Tageszeitungen abgedruckt.

Die Kurzgeschichte entsprach den Bedürfnissen der Zeit nach 1945. Papier war knapp und wurde von den alliierten Besatzern rationiert; es war also sehr viel leichter in Zeitungen kurze Geschichten zu publizieren, als umfangreiche Romane zu veröffentlichen. Dazu kommt die Stimmungslage in der Bevölkerung: Die Autoren waren vom Kriegsgeschehen ausgebrannt und nur selten in der Lage, umfassende Romane zu schreiben. Auch die lesende Bevölkerung, die mit dem Wiederaufbau Deutschlands beschäftigt war, las lieber kurze Texte als lange. So war der Zeitpunkt ideal für die Entstehung der neuen Gattung.

Die Kurzgeschichte hat einen geringen Umfang – oft nur eine oder zwei Druckseiten. Sie zeigt nur einen entscheidenden Ausschnitt (**Schicksalsbruch**) aus dem Leben des Protagonisten; Einleitung und Schluss fehlen meist. Die Handlung ist auf das Wesentliche beschränkt, der Leser bleibt oft verunsichert und ratlos zurück.

Kurzgeschichten der unmittelbaren Nachkriegszeit zeigen das Leben der Menschen im zerstörten Deutschland, ihre Situation als Kriegsheimkehrer oder – in der Rückblende – ihre Verhaltensweisen oder Erlebnisse im Krieg. Die Aufarbeitung der unmittelbaren Vergangenheit stand bei den frühen Kurzgeschichten im Vordergrund. Neuere Kurzgeschichten thematisieren das Leben in der Bundesrepublik Deutschland und in der DDR und regen so eine individuelle Stellungnahme der Leser an.

Kurzgeschichten sind über ihren Umfang definiert, haben aber bestimmte Kennzeichen:
- wenige Figuren (die meist als Durchschnittsmenschen konzipiert sind),
- sie erstrecken sich über eine kurze Zeitdauer,
- oft sind Anfang und Ende offen,
- ihre Sprache ist ungekünstelt,
- sie zeigen einen entscheidenden Moment aus dem Leben der Hauptfigur.

Wichtig ist dabei, dass die Autoren der Kurzgeschichte **keine Lösungen** anbieten wollen (oder können). Ihr Ziel ist es, Probleme und Krisensituationen aufzuzeigen und literarisch zu gestalten.

Meist kommen in Kurzgeschichten nur **wenige Personen** vor. Diese sind keine herausragenden Charaktere, sondern als **Durchschnittsmenschen**, die sich an einem Wendepunkt ihres Lebens befinden, typisiert dargestellt. Die Hauptpersonen sind oft einfache Menschen, die der kleinbürgerlichen Welt entstammen und als passive Helden ihrem Schicksal ausgeliefert sind.

Die Autoren verwenden eine einfache, betont sachliche und ungekünstelte **Alltagssprache**, die dem Inhalt der Geschichte entspricht. Oft prägt Umgangssprache die Figurenrede, die erlebte Rede und den inneren Monolog und führt so zu einer kritischen Identifikation der Leser mit den Figuren und dem Inhalt der Kurzgeschichte.

Schwank

Schwänke gehören zur Volksdichtung und karikieren menschliche Unzulänglichkeiten.

Der Schwank ist eine kurze heitere dramatische oder erzählte Szene. Die Themen entstammen der **Volksdichtung**, häufig werden Normen des bürgerlichen Alltags karikiert. Schwänke sind einfach strukturiert und auf eine Pointe hin komponiert, die Mittel der Darstellung sind Gegensätze, Übertreibungen und Typisierung der Figuren.

Die Verfasser von Schwänken sind oft unbekannt.

Beispiele: Till Eulenspiegel, Die Schildbürger; Stücke von Hans Sachs und Johann Nepomuk Nestroy; Erzählungen des Barons von Münchhausen

Märchen

Märchen gehören ursprünglich zur mündlich überlieferten Literatur. Seit dem 18. Jahrhundert gibt es auch Kunstmärchen, die von Autoren im Ton der Volksmärchen verfasst wurden.

Das Märchen ist **eine der ältesten literarischen Formen**, die ihre Wurzeln in der schriftlosen Zeit hat und ursprünglich mündlich überliefert wurde (**Volksmärchen**). Es zeigt Menschen in abenteuerlichen Bewährungssituationen, wobei positive und negative Figuren eindeutig festgelegt sind. Aus dem Gegensatz der handelnden Figuren erwachsen Konflikte. Seit der Romantik werden **Kunstmärchen** verfasst, die die Volksmärchen in der klar strukturierten Thematik und der volksnahen Sprache nachahmen:

- Beispiele für Volksmärchen: Rotkäppchen, Dornröschen, Aschenputtel von den Brüdern Grimm
- Beispiele für Kunstmärchen: Ludwig Tieck, Der gestiefelte Kater; Wilhelm Hauff, Kalif Storch; Hans Christian Andersen, Des Kaisers neue Kleider
- Beispiele für moderne märchenhafte Erzählungen: Michael Ende, Momo; Otfried Preußler, Krabat

Die Parabel ist eine verschlüsselte Erzählung, die mehrere Deutungsmöglichkeiten zulässt.

Parabel

Die Parabel ist eine **kurze lehrhafte Erzählung**, die eine allgemeine Erkenntnis oder Lebensweisheit verschlüsselt wiedergibt. Durch Übertragung des dargestellten Ereignisses auf einen anderen Sachverhalt kann dieser erschlossen werden. Parabeln wollen zugleich unterhalten und belehren.

Die Parabel gehört wie das Gleichnis, das Beispiel und die Fabel zu den epischen Kurzformen. Sie will jedoch nicht – wie die Fabel – eine Handlungsanleitung formulieren, sie gibt vielmehr einen Sachverhalt verschlüsselt wieder und will so den Leser zum Nachdenken bewegen. Dazu muss der Leser das **Gesagte** (die Bildebene) und das **Gemeinte** (die Sachebene) miteinander vergleichen und den Vergleichspunkt (das **tertium comparationis**) finden. Meist ergeben sich daraus verschiedene Deutungsmöglichkeiten.

Bekannte Parabeldichter des 20. Jahrhunderts sind Bertolt Brecht (Geschichten vom Herrn Keuner) und Franz Kafka.

Legenden erzählen besondere Begebenheiten aus dem Leben von Heiligen.

Legende

Legenden sind **anonyme christliche Erzählungen** vom Leben und Sterben von Heiligen, von ihren guten Taten und ihrer Frömmigkeit. Im Mittelalter wurden Legenden an den Namenstagen der Heiligen vorgelesen oder erzählt, um an diese zu erinnern. Zugleich sollten die Menschen angehalten werden, sich ebenso gottesfürchtig wie diese Heiligen zu verhalten. Auf die geschichtliche Wahrheit wurde dabei wenig Wert gelegt, jedoch haben die beschriebenen Personen in der Regel gelebt.

Die Legenden waren im Mittelalter die Gegenstücke zu den Heldensagen. Steht in den Heldensagen, die meist aus der Zeit vor dem Christentum stammen, ein Held und seine Tapferkeit gegenüber Feinden im Mittelpunkt, beschreiben Legenden die religiös geprägten Taten von Menschen, die dann zu Heiligen erklärt wurden.

Mittlere Formen

Erzählung

Die Erzählung ähnelt dem Roman, stellt aber nur ein besonderes Ereignis in den Mittelpunkt.

Die Erzählung ist eine literarische Gattung, die kürzer ist als Novelle und Roman, aber länger als die Kurzgeschichte.

Literarische Erzählungen sind meist in drei Teile gegliedert, in Einleitung, Hauptteil und Schluss. Im Hauptteil findet sich der Höhepunkt. Sie gleichen dem Roman, sie sind aber viel kürzer. Außerdem bestehen sie nur aus einem Handlungsstrang, es gibt also **nur eine Haupthandlung**, keine Nebenhandlungen. Sie kommen auch mit weniger Personen aus als der Roman und ereignen sich in einem kürzeren Zeitraum. Anders als Fabel, Parabel und Legende wollen sie keine Lehre vermitteln, anders als der Novelle fehlt ihnen das Leitmotiv (➛ S. 13, 96, 148, 180) und die „unerhörte Begebenheit".

Die wenigen Personen, die in einer Erzählung vorkommen, stehen meist in einem sehr engen Verhältnis zueinander, was durch die einsträngige Handlung bedingt ist. Sie sind zwar in der Regel als Charaktere angelegt (nicht als Typen mit funktionaler Bedeutung), der Leser lernt sie aber nur in bestimmten **Situationen** kennen. Ein umfassendes Charakterbild wie im Roman entsteht dadurch nur selten.

In der Erzählerrede verwenden die Autoren die Sprachform, die für die jeweilige Entstehungszeit kennzeichnend ist: eine stilisierte, gehobene Sprache im 18. und 19. Jahrhundert, eine betont sachliche und ungekünstelte Alltagssprache in der zweiten Hälfte des 20. und im 21. Jahrhundert. Eine Häufung von sprachlich-stilistischen Mitteln wie im Drama oder in der Lyrik ist nicht feststellbar. Die Figuren sprechen so, wie es ihrer sozialen Stellung und ihrem Bildungsstand entspricht.

Bekannte Erzählungen und ihre Autoren:

- Friedrich Schiller (1759–1805), Der Verbrecher aus verlorener Ehre (1786)
- Heinrich von Kleist (1777–1811), Michael Kohlhaas (1808)
- Joseph von Eichendorff (1788–1857), Aus dem Leben eines Taugenichts (1826)
- Adalbert Stifter (1805–1868), Brigitta (1844/1847)
- Heinrich Böll (1917–1985), Die verlorene Ehre der Katharina Blum (1974)
- Birgit Vanderbeke (geb. 1956), Das Muschelessen (1990)

Novelle

Die Novelle ist eine kunstvoll gestaltete Erzählung, in der eine außergewöhnliche Begebenheit erzählt wird.

Ihren Ursprung hat die Novelle im Italien der Renaissance. Giovanni Boccaccio (1313–1375) veröffentlichte 1348 die Novellensammlung „Decamerone" (dt. „Zehntagewerk"), woraufhin Novellenzyklen in ganz Europa populär wurden. In Deutschland war Johann Wolfgang von Goethe der erste Dichter eines beachteten Novellenzyklus, der „Unterhaltungen deutscher Ausgewanderten" (1795).

Die Handlung der Novelle wird durch ein Leitmotiv bzw. ein Dingsymbol zusammengehalten.

Die Novelle ist eine Prosaerzählung von mittlerem Umfang. Ihr Inhalt ist auf das Wesentliche verdichtet und zeigt einen zentralen Konflikt, einen Zusammenstoß von Mensch und Schicksal, Realem und Außergewöhnlichem, der durch **Leitmotive** (➛ S. 13, 96, 148, 179) verdeutlicht wird. Nach Goethes Definition steht eine „sich ereignete unerhörte Begebenheit“ im Mittelpunkt der Novelle. Theodor Storm nannte die Novelle wegen ihres typischen Aufbaus (geraffte Exposition, Steigerung, konzentriert herausgearbeiteter Höhe- und Wendepunkt, Abfall und Abklingen der Handlung als ahnungsvolle Andeutung des Schicksals) „die Schwester des Dramas“.

Ein wichtiges Kennzeichen der Novelle ist die Existenz des **Dingsymbols** (➛ S. 149). Dieses steht symbolisch für den Umschwung der Handlung und stammt aus Boccaccios „Decamerone“. In der 9. Geschichte des 5. Tages wird erzählt, wie ein Ritter aus Liebe zu einer adeligen Dame, für die er sein ganzes Vermögen verschwendet hat, ihr als seinen letzten Besitz einen Falken als Speise vorsetzt. Dadurch ist sie so gerührt, dass sie in eine Heirat einwilligt und den verarmten Ritter zum Herren ihres gesamten Vermögens macht. Seitdem wird das Vorhandensein eines „Falken“, also eines Dingsymbols, als ein wichtiges Kennzeichen einer Novelle angesehen.

Bei der Novelle steht die Handlung im Vordergrund. Personen, Dinge und Charaktere sind nur so weit berücksichtigt, als sie Träger oder Mittel des Hauptereignisses sind. Damit befindet sich die Novelle in deutlichem Gegensatz zum Roman, der eine (oder mehrere Personen) in den Mittelpunkt stellt.

Bekannte Autoren und ihre Novellen:

- Conrad Ferdinand Meyer (1825–1898), Das Amulett (1873), Der Schuss von der Kanzel (1878)
- Eduard Mörike (1804–1875), Mozart auf der Reise nach Prag (1856)
- Theodor Storm (1817–1888), Immensee (1849), Aquis Submersus (1876), Der Schimmelreiter (1888)
- Gottfried Keller (1819–1890), Die Leute von Seldwyla (Novellenzyklus 1855/56)
- Annette von Droste-Hülshoff (1797–1848), Die Judenbuche (1842)
- Paul Heyse (1830–1914), L'Arrabiata (1853), Nobelpreis für Literatur 1910
- Thomas Mann (1875–1955), Gladius Dei (1902), Tonio Kröger (1903), Tod in Venedig (1912)
- Stefan Zweig (1881–1942), Sternstunden der Menschheit (1927), Schachnovelle (1941)
- Martin Walser (geb. 1927), Ein fliehendes Pferd (1978)

Sage

Die Handlungen von Sagen sind in meist fernen Räumen und längst vergangenen Zeiten angesiedelt.

Sagen sind **ursprünglich mündlich überlieferte Erzählungen** aus alter Zeit, zu der immer wieder neue Handlungen oder Personen hinzuerfunden wurden. Erst viel später wurden sie aufgeschrieben. Im Mittelpunkt der Sage steht oft ein übernatürlich-fantastisches Ereignis, eine ungewöhnliche Person oder ein besonderer Gegenstand oder Ort. Sagen können einer bestimmten Zeit und einem bestimmten Ort zugeordnet werden. Die handelnden Personen werden namentlich genannt. Sagen erheben Anspruch auf Glaubwürdigkeit. In ihnen werden rätselhafte Vorgänge erklärt und möglichst glaubhaft gemacht.

Man unterscheidet:

- **Volkssagen**, die meist an bestimmte Orte und Gegebenheiten gebunden sind (z. B. „Barbarossa im Kyffhäuser“, „Die Weiber von Weinsberg“)
- **Heimatsagen**, die sich um unerklärliche Vorgänge in der Region ranken (z. B. „Die Teufelsmauer“, „Burg Auersberg“)
- **Götter- und Heldensagen**, in deren Mittelpunkt Götter und Menschen mit außergewöhnlichen Fähigkeiten stehen (z. B. die „Herakles-Sage“, die „Siegfried-Sage“ und die „Artus-Sage“)
- **Wandersagen**, also Sagen, die an verschiedenen Orten spielen und in denen verschiedene Personen auftreten, die aber im Kern die gleiche Geschichte erzählen.

Großformen

Epos

Das antike Epos ist der Vorläufer des Romans.

In der Antike war das Epos eine verbreitete Gattung, die aus verschiedenen Kulturkreisen bekannt ist. Für die europäische Dichtung wurden die Epen **Homers** wichtig. Homer ist ein sagenhafter griechischer Dichter um 750 v. Chr., von dem man bis heute nicht weiß, ob er wirklich gelebt hat oder ob andere Autoren den Namen als Pseudonym verwendet haben. Unter Homers Namen sind zwei Epen veröffentlicht: In der Ilias wird der Kampf der Griechen gegen die Trojaner geschildert. In der Odyssee geht es um die Rückkehr des griechischen Helden Odysseus nach Ithaka, die auf vielen Umwegen verläuft und zehn Jahre dauert.

Bekannte Epen sind die Ilias, die Odyssee und die Aeneis.

In der römischen Antike nahm der Dichter **Vergil** (70–19 v. Chr.) Inhalte und Motive der Epen Homers auf und schuf sein Epos, die Aeneis. In diesem Werk beschreibt Vergil die Irrfahrten des trojanischen Königssohns Aeneas, der nach dem Brand Trojas seine Heimatstadt verlassen und auf Umwegen die Landschaft Latium erreicht hatte, wo von seinen sagenhaften Nachfahren Romulus und Remus die Stadt Rom gegründet worden sein soll. Vergil gestaltete mit seinem Epos den Gründungsmythos Roms und des Römischen Weltreichs.

Um 1200 werden im deutschsprachigen Raum erste Epen in der Volkssprache aufgeschrieben. Diese kann man nach Inhalt, Gestaltung der Personen und vorherrschender Wertewelt unterscheiden:

Im Mittelalter gab es das Heldenepos und das höfische Epos.

Das **Heldenepos** ist oft von unbekannten Verfassern aufgeschrieben. Es bedient sich in Stoff und Motivik bei den alten germanischen Heldensagen. Das Heldenepos berichtet von einer archaischen Welt, in der rohe Gewalt herrscht und deren Figuren sich einer psychologischen Deutung entziehen. Das Nibelungenlied kann als Beispiel für das Heldenepos gelten.

Das **höfische Epos** stellt einen Ritter in den Mittelpunkt, der sich in seiner Lebensführung und in seinem Rittertum bewähren muss, um als würdiges Mitglied der Hofgesellschaft anerkannt zu werden. Thematisiert werden ritterliche Lebensführung, Werte und Tugenden, vor allem die Treue zu Gott und den Lehnsherrn. Darüber hinaus muss ein Ritter im Kampf Tapferkeit, gegenüber den Frauen gesittetes Benehmen und im Umgang mit Schwächeren und Hilfsbedürftigen Mitleid und Erbarmen zeigen. Das Ideal des höfischen Epos ist der „miles christianus", der an den christlichen Werten orientierte Streiter im Namen Gottes.

Wichtige höfische Epen stammen von Hartmann von Aue (Erec, Iwein), Wolfram von Eschenbach (Parzival) und Gottfried von Straßburg (Tristan und Isolde).

Roman

Romane verfügen über eine mehrsträngige Handlung, meist zeigen sie einen Helden (oder Antihelden) auf seinem Lebensweg.

Romane thematisieren nicht nur einzelne Ereignisse, sondern verfolgen einen Helden auf seinem Lebensweg. Sie beziehen auch seine Umwelt, die historische Realität und die allgemeine Stimmungslage in die Darstellung mit ein. Romane verfügen meist über eine **mehrsträngige Handlung** und umfassen eine **längere Zeitspanne**. Im Unterschied zu anderen, kürzeren Prosatexten wird im Roman eine eigene Welt entworfen.

Erste Romane gab es schon im Mittelalter, z.B. das Heldenepos („Nibelungenlied") und das höfische Epos („Parzival", „Tristan und Isolde"). Doch bis ins 18. Jahrhundert war der Roman als einfache, minderwertige literarische Gattung verpönt. Höchstens einfache Leute lasen die damaligen Romane, die als Volksbücher antike oder mittelalterliche Stoffe (z.B. die Lebensgeschichte des Dr. Faust) überlieferten. Selbst der bedeutendste deutsche Roman des 17. Jahrhunderts, „Der abenteuerliche Simplicissimus Teutsch" von Grimmelshausen, der zwar viel gelesen und oft nachgedruckt wurde, fand in der literarischen Welt kaum Beachtung. Zu einem Bestseller wurde der 1774 erschienene Briefroman „Die Leiden des jungen Werthers" von Johann Wolfgang von Goethe. Durch dieses Werk wurde der Roman gesellschaftsfähig und zu dem, was er heute ist – zur wichtigsten literarischen Gattung.

Im Laufe der Jahrhunderte haben sich **verschiedene Romantypen** herausgebildet, die nach Wirkabsicht und Inhalt unterschieden werden können. Folgende Typen sind besonders wichtig:

- **Bildungs- und Entwicklungsroman:** Der Weg eines jungen Mannes zum Erwachsenen wird beschrieben.
  Beispiele: Johann Wolfgang von Goethe: „Wilhelm Meisters Lehrjahre" (1795), Karl Philipp Moritz: „Anton Reiser" (1785 ff.), Gustav Freytag: „Soll und Haben" (1855), Gottfried Keller: „Der grüne Heinrich" (1854 ff.), Adalbert Stifter: „Der Nachsommer" (1857), Hermann Hesse: „Demian" (1919), Günter Grass: „Die Blechtrommel" (1959), Patrick Süskind: „Das Parfum" (1985), Robert Schneider „Schlafes Bruder" (1992)
- **Gesellschaftsroman:** Der Schwerpunkt der Darstellung liegt auf den gesellschaftlichen Verhältnissen.
  Beispiele: Theodor Fontane: „Irrungen Wirrungen" (1887), „Frau Jenny Treibel" (1892), „Effi Briest" (1894), Thomas Mann: „Der Zauberberg" (1924)
- **Historischer Roman:** Ein geschichtlicher Stoff wird im Roman verarbeitet.
  Beispiele: Felix Dahn: „Ein Kampf um Rom" (1876), Franz Werfel: „Die vierzig Tage des Musa Dagh" (1933), Thomas Mann: „Joseph und seine Brüder" (1943), Christa Wolf: „Kein Ort. Nirgends" (1979), Sten Nadolny: „Die Entdeckung der Langsamkeit" (1983)
- **Künstlerroman:** Der Lebensweg eines Künstlers bzw. sein Konflikt mit der bürgerlichen Welt wird thematisiert.
  Beispiele: Eduard Mörike: „Maler Nolten" (1832), Thomas Mann: „Der Tod in Venedig" (1912), „Doktor Faustus" (1947), Hermann Hesse: „Klingsors letzter Sommer" (1920)
- **Kriminalroman:** Ein Verbrechen und seine Aufklärung werden dargestellt.
  Beispiele: Friedrich Dürrenmatt: „Der Richter und sein Henker" (1950), Jakob Arjouni: „Happy Birthday, Türke" (1985), Bernhard Schlink: „Selbs Justiz" (1987), Jacques Berndorf: „Eifel-Blues" (1989)
- **Popliteratur:** Darstellung des Alltagslebens junger Menschen. Ziel: Überwindung der Grenzen von ernster und Unterhaltungsliteratur.
  Beispiele: Christian Kracht: „Faserland" (1995), Benjamin von Stuckrad-Barre: „Soloalbum" (1998), Sybille Berg: „Sex II" (1998), Judith Hermann: „Sommerhaus, später" (1998), Alexa Henning von Lange: „Erste Liebe" (2004)
- **Der postmoderne Roman:** Häufige Kennzeichen sind:
  - Aufhebung von realen Zeitmustern und Ortsvorstellungen, dabei aber häufig Entrückung des Dargestellten an exotische Orte und in historische Ferne,
  - Darstellung der Gleichzeitigkeit von Ungleichzeitigem,
  - Spiel mit Anachronismen,
  - Intertextualität, also Spiel mit der literarischen Tradition (Figuren, Handlungsmuster, Orte usw.),

Man unterscheidet verschiedene Arten von Romanen:
- Bildungsromane,
- Gesellschaftsromane,
- historische Romane,
- Kriminalromane,
- Künstlerromane,
- Pop-Romane,
- postmoderne Romane,
- utopische Romane.

- Ablehnung vordergründiger Rationalität,
- „Dekonstruktion des Subjekts", d. h. Abkehr von einem klar charakterisierten Helden, Betonung der Wandelbarkeit des Menschen.

  Beispiele: Max Frisch: „Stiller" (1954), „Mein Name sei Gantenbein" (1964), Wolfgang Hildesheimer: „Masante" (1973), Sten Nadolny: „Die Entdeckung der Langsamkeit" (1983), Christa Wolf: „Kassandra" (1983), Patrick Süskind: „Das Parfum" (1985), Christoph Ransmayr: „Die letzte Welt" (1988), Peter Handke: „Mein Jahr in der Niemandsbucht" (1994), Michael Köhlmeier: „Telemach" (1995), Christa Wolf: „Medea. Stimmen" (1996)

- **Utopischer Roman**: Der Roman spielt in der Zukunft oder in fernen, unerforschten Gegenden.

  Beispiele: Thomas Morus: „Utopia" (1516), Aldous Huxley: „Schöne neue Welt" (1932), George Orwell: „1984" (1948)

Alle Querverweise im Überblick:

Autor: S. 137 ➛ S. 25, 75, 104
Moderner Roman: S. 137 ➛ S. 169 ff.
Ich-Perspektive: S. 138 ➛ S. 27 f., 138 f.
Erzählverhalten: S. 140 ➛ S. 142
Sprecher: S. 143 ➛ S. 109 ff.
Handlung, Handlungsteile: S. 147 ➛ S. 75, 77, 95, 148 ff.
Leitmotiv: S. 148 ➛ S. 13, 96, 179, 180
Dingsymbol: S. 149 ➛ S. 180
Montage: S. 149 ➛ S. 101, 169 ff., 173
Innere und äußere Handlung: S. 149 ➛ S. 75 ff., 137 ff.
Figuren: S. 150 ➛ S. 104 ff., 151
Charakterisierung: S. 151 ➛ S. 107 ff.
Zeit: S. 160 ➛ S. 128 ff., 153
Raum: S. 166 ➛ S. 126 ff.

Zusammenfassung:

Prosa

In der Antike und bis ins späte Mittelalter waren nur Sachtexte, z. B. aus den verschiedenen Wissenschaften, in Prosa geschrieben. **Literarische Prosatexte** gibt es im deutschen Sprachraum seit dem 14. Jahrhundert, als angesehene Gattung erst seit dem 18. Jahrhundert.

Erzählende Texte unterscheidet man im Hinblick auf ihren **Umfang** nach kleinen Formen (z. B. Anekdote, Fabel, Kalendergeschichte), mittleren Formen (z. B. Erzählung, Novelle, Sage) und Großformen (z. B. Heldenepos, Roman).

In jedem Prosatext gibt es einen **Erzähler**, der vom Autor eingesetzt ist. Er erzählt die Geschichte aus der **Ich- oder der Er/Sie-Perspektive**. Dabei kann man unterscheiden, ob ein Prosatext eine auktoriale, personale und neutrale **Erzählhaltung** aufweist und ob er aus der **Innen-** oder der **Außenperspektive** erzählt ist.

Bei der **Darbietung des Stoffes** wird die **Erzählerrede** und die **Figurenrede** unterschieden. Erzählerrede kann z. B. sein: Bericht, Beschreibung, Kommentar, Reflexion oder szenische Darstellung. Bei der Figurenrede unterscheidet man direkte Rede, indirekte Rede, erlebte Rede, innerer Monolog und Bewusstseinsstrom.

In Prosatexten sind die Figuren als Träger der Handlung von besonderer Wichtigkeit und werden deshalb meist genau beschrieben. Eine **Charakterisierung** kann erfolgen, indem das Verhalten der Figuren und ihr Verhältnis zu anderen Figuren beschrieben wird, indem das Äußere einer Figur beschrieben wird, indem andere Figuren über sie sprechen oder durch Äußerungen der Figur über sich selbst; in diesen Fällen spricht man von **direkter Charakterisierung**. Eine **indirekte Charakterisierung** liegt vor, wenn sich das Wesen der Figur aus ihrem Verhalten erschließen lässt, wenn besondere Eigenheiten genannt werden oder durch andere Figuren ihre Wesenszüge aufgezeigt werden. Auch durch die **Konzeption**, die der Autor vornimmt, bzw. ihr Verhältnis zueinander (**Konstellation**) werden Figuren charakterisiert.

Erzählende Texte sind vom Autor bewusst gestaltet; sie können eine lineare Struktur aufzeigen, bei der das Geschehen chronologisch entfaltet wird. Eine andere Gestaltungsmöglichkeit ist das diskontinuierliche Erzählen, das durch Vorausdeutungen, Rückblenden, Auslassungen und Einschübe gekennzeichnet ist. Auch durch die **Gestaltung des Anfangs** (z. B. durch ein Vorwort, durch chronologische Wiedergabe der Handlung, durch Einstieg mitten im Geschehen und durch Erzählen vom Ende her) und **des Schlusses** (z. B. geschlossenes, erwartetes, überraschendes oder offenes Ende) lenkt der Autor die Darstellung der Handlung und die Rezeption durch den Leser.

Wichtig für die Komposition eines epischen Textes sind auch der Umgang des Autors mit **Zeit** (z. B. Verhältnis von erzählter Zeit und Erzählzeit) und **Raum** (z. B. Verwendung von funktionalen Räumen wie Lebensraum oder Symbolraum und Raummotiven wie Feld, Wald oder Großstadt).

Glossar: Stilfiguren

Wortfiguren		
Begriff	**Erklärung**	**Beispiel**
Akkumulation	Aufzählung von Begriffen	„Es sind Kaufleute, Richter, Ärzte, Funktionäre, Kleinbürger, Handwerker, Literaten und Frauen aller Art, jeden Alters, jeden Standes.“ (Jakob Wassermann)
Anapher	Wiederholung eines Wortes oder einer Wortgruppe zu Beginn aufeinander folgender Verse, Strophen oder Sätze (Umkehr der Epipher)	Er kam, er sah, er siegte.
Antonomasie	Umschreibung eines Namens	Barbarossa statt König Friedrich I.
Diminutiv	Verkleinerungsform	Hündchen statt Hund
Epanalepse	Wiederholung eines Wortes oder einer Wortgruppe innerhalb eines Verses oder Satzes, jedoch nicht unmittelbar aufeinander folgend	„Und atmete lang und atmete tief“ (Schiller, *Der Taucher*).
Epipher	Wiederholung eines Wortes oder einer Wortgruppe am Ende von aufeinanderfolgenden Versen, Strophen oder Sätzen (Umkehr der Anapher)	… gegen mich nicht, ohne mich nicht.
Exemplum	Beispiel	Viele Tiere, Ameisen, Mäuse und Elefanten konnte man bewundern.
Figura etymologica	Verbindung eines Verbs mit einem stammverwandten Nomen	Lernen lernen
Geminatio	Wiederholung eines Wortes oder einer Wortgruppe am Satzanfang oder innerhalb eines Verses	mein Vater, mein Vater
Litotes	Ausdruck eines Sachverhalts durch sein Gegenteil	nicht unattraktiv (für sehr schön)
Metonymie	Ersetzung eines sinntragenden Wortes durch ein anderes, wodurch das Verständnis nicht gestört wird	Ich lese gerade Goethe (für ein Werk von Goethe).
Neologismus (➤ S. 49)	Wortneuschöpfung	Tagleuchter (für Fenster)
Oxymoron	Kombination von sich ausschließenden Begriffen	„Finster wars, der Mond schien helle …“ (Erich Kästner)

Personifikation	Darstellung abstrakter Begriffe oder lebloser Dinge als Person oder belebte Wesen	Väterchen Frost
Pleonasmus	Verbindung zweier Begriffe, von denen einer im anderen enthalten ist	weißer Schimmel
Polyptoton	Wiederholung mit Kasusveränderung	Aug um Aug
Repetitio	Wiederholung	Sie liefen und liefen und liefen …
Synekdoche	Ein Teil steht für das Ganze.	Sie kreuzen die Klingen (statt Schwerter)
Tautologie	Einen Sachverhalt doppelt wiedergebende Fügung	voll und ganz
Wiederholung	Mittel der Intensivierung	Es war still, ganz still.
Wortspiel	gewollte Verbindung von Klangähnlichkeit und unterschiedlicher Bedeutung bzw. Doppeldeutigkeit des Ausdrucks	Lerche – Lärche
Satzfiguren		
Anadiplose	Wiederholung des letzten Wortes oder der letzten Wortgruppe eines Verses oder Satzes am Beginn des darauf folgenden Verses oder Satzes	einer für alle, alle für einen
Anakoluth	grammatisch unrichtige Konstruktion eines Satzes (Satzbruch)	„Ich weiß nicht, was soll es bedeuten" (Heinrich Heine) (statt: Ich weiß nicht, was es bedeuten soll).
Asyndeton	gleichrangige Fügung von Wörtern oder Sätzen	Straßen, Häuser, Menschen
Chiasmus	Überkreuzstellung zweier Wortgruppen oder Sätze	„Die Kunst ist lang und kurz ist unser Leben." (Goethe)
Ellipse	grammatisch unvollständiger Satz	Ende gut, alles gut.
Hypotaxe	Satzgefüge aus Haupt- und Nebensätzen	Während Tanja zur Arbeit ging, blieb Simon zu Hause.
Inversion	Veränderung der üblichen Wortstellung	Allein kommt ein Unglück selten.
Klimax	steigernde Anordnung von Wörtern oder Wortgruppen	schlau – schlauer – am schlauesten
Parallelismus	gleiche Satzstellung in aufeinander folgenden Sätzen	„Friede den Hütten, Krieg den Palästen" (Georg Büchner)

Parataxe	Nebeneinanderstellung gleichberechtigter Hauptsätze (Satzreihe)	Tanja ging zur Arbeit und Simon blieb zu Hause.
Parenthese	Einschub	Das ist – kurz gefasst – meine Meinung.
Polysyndeton	Reihung gleichgeordneter Wörter, Satzglieder oder Satzteile mit verbindenden Konjunktionen	„Und es wallet und brauset und siedet und zischt." (Friedrich Schiller)
Zeugma	Verbindung mehrerer Nomina durch ein Verb, das nur zu einem Nomen passt	Er hatte Mut und ein Schwert bei sich.
Stilfiguren		
Allegorie	bildliche Darstellung eines abstrakten Begriffs	Sensenmann (für Tod)
Apostrophe	direkte Anrede abwesender Personen oder Objekte	„Saget, Steine, mir an, oh sprecht, ihr hohen Paläste" (Goethe).
Archaismus	veralteter sprachlicher Ausdruck	obsiegen (für siegen)
Euphemismus	beschönigende Umschreibung	entschlafen (für sterben)
Metapher	Übertragung eines Wortes in einen anderen Sinnbereich, um diesen zu veranschaulichen.	ein Meer von Plagen
Symbol	bildhaftes, über die eigentliche Wortbedeutung hinausweisendes Zeichen	Kreuz (für Christentum)
Synästhesie	Verbindung verschiedener Sinneseindrücke	„Golden wehn die Töne nieder." (Clemens Brentano)
Vergleich	Herstellung einer Gemeinsamkeit zwischen zwei Bereichen	weiß wie der Schnee
Gedankenfiguren		
Allusion	Anspielung	Sie wissen ja, was ich damit meine.
Anrede	Hinwendung an den Adressaten	Sehr geehrte Damen und Herren!
Anruf	Hinwendung an den Adressaten	So glauben Sie mir doch!
Antithese	Gegenüberstellung von Gegensätzlichem	groß und klein
Aphorismus	knapp formulierter Gedanke	Wer nicht hören will, muss fühlen.
Aposiopese	Verschweigen des Wichtigen	„Ich könnte es sagen, aber …" (Gerhart Hauptmann)

Beispiel	Verwendung eines konkreten Einzelfalls zur Verdeutlichung einer allgemeinen Aussage.	
Chiffre	Schwer zu entschlüsselndes Bild (➛ S. 13, 51)	„Schwarze Milch der Frühe" (Paul Celan)
Contradictio in adjecto	semantisch widersprüchliche Verbindung eines Substantivs und seines Attributs	alter Knabe
Correctio	Verbesserung (zur Verdeutlichung der Aussage)	Eindringlich, ja beschwörend sprach sie …
Hyperbel	Übertreibung	Ich warte schon eine Ewigkeit.
Ironie	Das Gegenteil von dem, was gesagt wird, ist gemeint.	Du bist mir ja ein schöner Freund!
Katachrese	Vermischung von nicht zusammenpassenden Bildern	Wenn alle Stricke reißen, hänge ich mich auf.
Klimax	Steigerung	Er kam, sah, siegte.
Paronomasie	Wortspiel	„Die Bistümer sind verwandelt in Wüsttümer." (Friedrich Schiller)
Periphrase	Umschreibung eines Begriffs durch mehrere Wörter	der Allmächtige (für Gott)
Rhetorische Frage	nur scheinbare Frage, deren Antwort bereits feststeht	Wer möchte nicht in Frieden leben?
Klangfiguren		
Alliteration	gleicher Anlaut mehrerer bedeutungstragender Wörter (Stabreim)	Mann und Maus
Apokope	Wegfall eines Lautes am Ende des Wortes	„Manch' bunte Blumen sind an dem Strand" (Goethe, *Erlkönig*)
Emphase	phonetische Hervorhebung eines Wortes	Das hast du damit gemeint!
Onomatopoesie	Lautmalerei; d. i. schallnachahmende Wortbildung	Kikeriki
Synkope	Ausfall eines kurzen Vokals im Wortinneren	gnäd'ger Gott

Bildquellennachweis:
Seite 6: Quint Buchholz: Bücherwaage. Abbildung aus „BuchBilderBuch" von Sanssousi im Hanser Verlag, 1997; Seite 21: Corbis (Bettmann), Düsseldorf; Seite 26: Picture-Alliance (akg-images/ Brigitte Hellgoth), Frankfurt; Seite 32, 72: Picture-Alliance (dpa), Frankfurt; Seite 37: Picture-Alliance (akg-images), Frankfurt; Seite 63, 141: Picture-Alliance (Erwin Elsner), Frankfurt; Seite 76, 81: Ullstein Bild GmbH, Berlin; Seite 99: AKG, Berlin; Seite 100: Ullstein Bild GmbH (Granger Collection), Berlin; Seite 134: creativ collection Verlag GmbH, Freiburg; Seite 163, 174: Ullstein Bild GmbH, Berlin; Umschlagfoto: Corbis (Randy Faris), Düsseldorf

Textquellenverzeichnis:
Seite 6/7: Hans Magnus Enzensberger: Bescheidener Vorschlag zum Schutze der Jugend vor den Erzeugnissen der Poesie, aus: Hans Magnus Enzensberger: Mittelmaß und Wahn. Gesammelte Zerstreuungen, Suhrkamp Verlag, Frankfurt/M. 1988, S. 28 f.; Seite 12: Andreas Gryphius: Es ist alles Eitel (1637), aus: Peter Jentzsch: Gedichte des Barock, Reclam Verlag, Stuttgart 1993, S. 50; Seite 23: Albert Ostermaier: Ratschlag für einen jungen Dichter, aus: Herz Vers Sagen. Gedichte. Suhrkamp Verlag, Frankfurt/M. 1995, S. 9; Seite 25: Erich Fried: Exil, aus: Gesammelte Werke, hrsg. von Volker Kaukoreit und Klaus Wagenbach. Gedichte 1. Klaus Wagenbach Verlag, Berlin 1993, S. 41; Seite 28/43: Joseph von Eichendorff: Mondnacht, aus: Werke in sechs Bänden, hrsg. von Hartwig Schultz. Bd. 1: Gedichte, Vesepen. Deutscher Klassiker Verlag, Frankfurt/M. 1987, S. 322; Seite 29: Johann Wolfgang von Goethe: Wandrers Nachtlied (Ein Gleiches), aus: Werke. Hamburger Ausgabe, textkritisch durchgesehen und kommentiert von Erich Trunz. Deutscher Taschenbuch Verlag, München, Bd. 1: Gedichte und Epen I, S. 142. © 1981 C. H. Beck'sche Verlagsbuchhandlung, München; Seite 29/30: Conrad Ferdinand Meyer: auf dem Canal grande, aus: Sämtliche Werke in zwei Bänden, hrsg. von Erwin Leaths. Winkler Verlag, München 1968, Bd. 2, S. 85; Seite 30: Eduard Mörike: Das verlassene Mägdlein, aus: Sämtliche Werke in zwei Bänden, hrsg. von Helga Unger. Winkler Verlag, München 1967, Bd. 1, S. 703; Seite 31: Eisenbahnunglück auf der Taybrücke. Zürcherische Freitagszeitung vom 2. Januar 1880; Seite 33: Theodor Fontane: Die Brück' am Tay, aus: Sämtliche Romane, Erzählungen, Gedichte, Nachgelassenes. Bd. 6. Carl Hanser Verlag, München/Wien 1964, S. 285 ff.; Seite 34 – 36: Conrad Ferdinand Meyer: Gedichte. Sämtliche Werke. Historisch-kritische Ausgabe. Hg. v. Hans Zeller. Bd. 1. Bern 1963, S. 170; Seite 44: Bertolt Brecht: Über die Bezeichnung Emigranten (1937), aus: Beiträgen für die Emigrantenzeitschriften in Prag, Paris und Amsterdam, 1937; Seite 55: Ulla Hahn: Mit Haut und Haar, aus: Gedichte fürs Gedächtnis - Zum Inwendig-Lernen und Auswendig-Sagen, ausgewählt und kommentiert von Ulla Hahn, mit einem Nachwort von Klaus von Dohnanyi, Stuttgart, Deutsche Verlagsanstalt, 2001; Seite 58: Johann Wolfgang von Goethe: An die Erwählte, aus: Johann Wolfgang von Goethe: Gedichte. Hrsg. von Bernd Witte, Stuttgart: Reclam, 2006; Seite 58: Ulla Hahn: Spielregeln, aus: Gesammelte Gedichte. Stuttgart, Deutsche Verlagsanstalt, 2001; Seite 62: Ulla Hahn: Ein Gedicht ist ein Klangkörper, Interview mit Ulla Hahn von Helena Sender-Petry. aus: Main-Rheiner, Mainz 2006; Seite 72/111: Bertholt Brecht: Der gute Mensch von Sezuan, Epilog. Suhrkamp Verlag, Frankfurt/M. 1990, S. 144; Seite 85: Friedrich Dürrenmatt: Die Tragödie, aus: Theaterprobleme, Diogenes Verlag, Zürich 1954 Seite 91 – 93/112/121: Johann Wolfgang von Goethe: Iphigenie auf Tauris. Ein Schauspiel, Leipzig: Göschen 1787 Seite 97/121: Georg Büchner: Woyzeck. Faksimileausgabe der Handschriften. Bearbeitet von Gerhard Schmidt, Leipzig, 1981 Seite 101: Bertholt Brecht: Das Prinzip der Verfremdung, aus: Schriften zum Theater I, Suhrkamp Frankfurt/M. 1957 Seite 104/112/122: Johann Wolfgang von Goethe: Faust. Der Tragödie erster Teil, aus: Werke. Hamburger Ausgabe, a.a.O., Bd. 3: Dramatische Dichtungen I, S. 20 Seite 108/119: Friedrich Dürrenmatt: Die Physiker. Diogenes Verlag, Zürich 1985, S. 11 Seite 110: Max Frisch: Andorra. Suhrkamp Verlag, Frankfurt/M. 1975, S. 124 Seite 113: Friedrich Schiller: Wilhelm Tell. Schauspiel, aus: Ders., Werke und Briefe, Band 5: Dramen IV. Deutscher Klassiker Verlag Frankfurt/M. 1996, S. 385 ff. Seite 114/115: Gotthold Ephraim Lessing: Emilia Galotti, Uraufführung am 13. März 1772 im Herzoglichen Opernhaus in Braunschweig Seite 115: Friedrich Schiller: Die Räuber, aus: Friedrich Schiller: Sämtliche Werke. Bd. 1: Gedichte. Dramen I. 4. Carl Hanser, München, 1965 Seite 116/122: Friedrich Schiller: Maria Stuart. Ein Trauerspiel. Tübingen: J. G. Cotta 1801 Seite 116 – 118: Sophokles: Antigone. Übersetzt und für die Bühne bearbeitet. S. Fischer Verlag Berlin 1906 Seite 118: Friedrich Schiller: Kabale und Liebe, aus: Theo Piana: Friedrich Schiller. Volksverlag, Weimar 1957 Seite 119: Hermann Sudermann: Die Ehre (Drama), 1889 Lessingtheater Berlin, V 98, B 1890 Seite 120: Friedrich Dürrenmatt: Der Besuch der alten Dame. Diogenes Verlag, Zürich 1986 Seite 120: Heinrich von Kleist: Der zerbrochene Krug. Ein Lustspiel, von Heinrich von Kleist. Berlin: Realschulbuchhandlung 1811 Seite 123: Gotthold Ephraim Lessing: Nathan der Weise. Ein dramatisches Gedicht, in fünf Aufzügen, 1779 Seite 123: Heinrich von Kleist: Penthesilea, aus: Heilbronner Kleist-Blätter, Penthesilea 1870/1876 - eine noble Geste des Ritter Mosenthal Seite 135: Max Frisch: Mein Name sei Gantenbein. Suhrkamp Verlag, Frankfurt/M. 1964 Seite 138: Alexa Henning von Lange: Erste Liebe, aus: Rowohlt Taschenbuch, Reinbek 2006, S. 7 Seite 139: Ulla Hahn: Ein Mann im Haus. Deutsche Verlags Anstalt Stuttgart, 1991 Seite 140/153: Christoph Ransmayr: Die letzte Welt. Buchhandlung Greno, Nördlingen 1988 Seite 142/152: Benjamin von Stuckrad-Barre: Soloalbum. Kiepenheuer & Witsch, Köln, 1998, S. 13 Seite 143: Thomas Mann: Das Eisenbahnunglück. S. Fischer, Frankfurt/M. 1996 Seite 143/154: Martin Walser: Ein fliehendes Pferd. Suhrkamp Verlag, Frankfurt/M. 1980 Seite 143: Erwin Strittmatter: Ole Bienkopp. Aufbau Verlag, Berlin, 1972 Seite 144/152: Theodor Fontane: Effi Briest. Roman. Insel-Verlag, Frankfurt/M. 2006 Seite 144/159/169 – 172: Alfred Döblin: Berlin Alexanderplatz. Deutscher Taschenbuch Verlag, München 1989, S. 37 ff. Seite 144: Theodor Fontane: Der Stechlin. Roman. Berlin: F. Fontane & Co. 1899 Seite 145: Günter Grass: Die Blechtrommel. Steidl Verlag, Göttingen, 1987 Seite 145/159: Heinrich von Kleist: Michael Kohlhaas. Fink, München 1981 Seite 145: Volker Braun: Unvollendete Geschichte. Suhrkamp Verlag Frankfurt/M. 1977 Seite 146: Arthur Schnitzler: Leutnant Gustl. Suhrkamp Basis Bibliothek 33, Frankfurt/M. 2007 Seite 146: James Joyce: Ulysses. Übersetzt von Hans Wollschläger, Suhrkamp Verlag Frankfurt/M. 1979 Seite 151/157: Sten Nadolny: Die Entdeckung der Langsamkeit. Piper Verlag, München 1998 S. 9 Seite 152: Max Frisch: Homo Faber. Suhrkamp Verlag, Frankfurt/M. 1977, S. 24 Seite 154/157: E.T.A. Hoffmann: Der Sandmann. Ernst Klett Verlag 2004 Seite 156: Günter Grass: Das Treffen in Telgte. Steidl Verlag, Göttingen, 1979 Seite 157: Uwe Timm: Rot. Kiepenheuer & Witsch, Köln, 2004 Seite 158: Patrick Süßkind: Das Parfum. Diogenes Verlag, Zürich 1985 Seite 159: Bertholt Brecht: Gespräche. Seite 160: Theodor Fontane: Frau Jenny Treibel. Wo sich Herz zum Herzen find't. Erste Buchausgabe. F. Fontane & Co., Berlin 1893 Seite 160: Alfred Andersch: Sansibar oder der letzte Grund. Seite 160: Arno Holz und Johannes Schlaf: Ein Tod. Reclam Universal Bibliothek, Stuttgart, 2001 Seite 162/163: Birgit Vanderbeke: Das Muschelessen. S. Fischer, Frankfurt/M. 1997

Nicht in allen Fällen war es uns möglich, den Rechteinhaber der Abbildungen und Texte ausfindig zu machen. Berechtigte Ansprüche werden selbstverständlich im Rahmen der üblichen Vereinbarungen abgegolten.